修身是行稳致远的根基

家国是成就功业的归宿

给孩子讲《大学》

德行与智慧

郭继承 著

南方日报出版社
NANFANG DAILY PRESS
中国·广州

图书在版编目（CIP）数据

给孩子讲《大学》. 1, 德行与智慧 / 郭继承著. -- 广州：南方日报出版社, 2025. 1. -- ISBN 978-7-5491-2911-9

Ⅰ. B222.1-49

中国国家版本馆 CIP 数据核字第 2024S8X706 号

GEI HAIZI JIANG《DAXUE》:DEXING YU ZHIHUI

给孩子讲《大学》：德行与智慧

作　　者：	郭继承
出版发行：	南方日报出版社
地　　址：	广州市广州大道中 289 号
出 版 人：	周山丹
出版统筹：	刘志一
责任编辑：	陈　宇
特约编辑：	宋卓颖　杨中秋
封面设计：	黄　俊　孙思瑶
内页插图：	万可欣
责任校对：	阮昌汉　符文达
责任技编：	王　兰
经　　销：	全国新华书店
印　　刷：	固安兰星球彩色印刷有限公司
成品尺寸：	145mm×210mm
印　　张：	6.5
字　　数：	94 千字
版　　次：	2025 年 1 月第 1 版
印　　次：	2025 年 1 月第 1 次印刷
统一定价：	90.00 元（全二册）

投稿热线：（020）87360640　　读者热线：（020）87363865

发现印装质量问题，影响阅读，请与承印厂联系调换。

目录

第一讲
德行为人生保驾护航 · 001

引　言　人生走正道的秘诀 · 003

第一章　什么是德行 · 011
　　　　1. 大学之道，在明明德 · 013
　　　　2. 人在天地间，以修身为本 · 025
　　　　3. 故君子必慎其独也 · 030
　　　　4. 君子必先慎乎德 · 034

第二章　德行切忌空谈 · 041
　　　　1. 量化德行 · 043
　　　　2. 抵制诱惑 · 052
　　　　3. 孝顺双亲 · 055
　　　　4. 遵纪守法 · 057

5. 有利于大众·061

6. 感恩之心·064

7. 热爱劳动·069

8. 团结大家·072

第三章　德行如何培养·075

1. 三省吾身·077

2. 做好本分·081

3. 孝敬父母·084

4. 尊敬师长·088

5. 劳动实践·095

6. 乐于助人·098

7. 立大志向·100

结　语　有德行，走人间正道·105

第二讲

智慧为人生插上翅膀·109

引　言　做个有智慧的人·111

第一章　开启智慧的次第·115
　　1. 修为递进的层次·117
　　2. 苟日新，日日新，又日新·121
　　3. 作新民·124
　　4. 周虽旧邦，其命惟新·126
　　5. 是故君子无所不用其极·129

第二章　拥有智慧的表现·135
　　1. 内在：心明眼亮、洞若观火·137
　　2. 外在：镇定自若、处之泰然·140

第三章　拥有智慧的方法·145

　　1. 定能生慧·147

　　2. 知止生慧·151

　　3. 制心一处·161

　　4. 明理识途·164

　　5. 物有本末·167

　　6. 与时偕行·176

　　7. 审思明辨·178

结　语　净化心灵，以实践提升智慧·187

附　《礼记·大学》原文·191

第一讲

德行为人生保驾护航

引言

人生走正道的秘诀

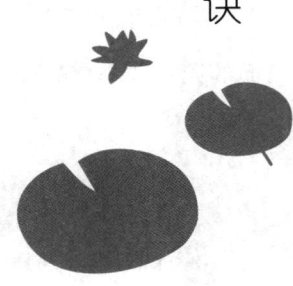

给孩子讲《大学》

亲爱的同学们,尊敬的各位家长朋友,大家好。我们的第一讲是《德行为人生保驾护航》。为什么这么说呢?

德行的比喻

德行是人生的方向盘

朋友们,如果把我们的一生比作一辆车,这辆车能够行稳致远，不驶向悬崖峭壁，不置身危险之地，平平安安地往前行驶，它的方向盘要把握好。而把握方向盘的力量，用学术的表述叫正确的价值观，用中国老百姓熟悉的话叫德行。德行为人生保驾护航，就是说德行是人生的方向盘。

德行是人生的第一粒扣子

习近平总书记多次使用"扣好人生第一粒扣子"来比喻引导青少年价值观、帮助青少年迈好人生第一个台阶的重要性。穿衣服，当第一粒扣子扣错的时候，剩余的扣子都会扣错。人生的扣子从一开始就要扣好。所以当一个人的价值观和德行出问题之后，就会走邪路，走歪道，最后害人害己。轻则自己受伤害；重则会有牢狱之灾，甚至家破人亡。这是必然的事情。

东西方文化的差异

制度和德行

同学们，我们中华民族是一个特别重视德行的民族。相比而言，近代西方特别重视制度。当然我们中国今天也重视制度的建设。制度在对人的规范化、程序化管理方面有很大的作用，但是对一个人起心动念方面的约束，制度的作用就会有很大的局限性，需要我们更多地依靠德行的力量。一个好的社会不仅要对人们的行为举止进行规范，还要对人们的起心动念做好引导。这就是道德与文化的力量。

就好比说，在一个人做了坏事之后才去管他，这叫法治。这种管理是滞后的。当用法治的力量来惩罚他的时候，他所做坏事的不好的后果已经形成了，对人民、对社会的伤害已经存在了。我们在他做坏事之前用德行去介入，让他一辈子都不想做坏事，岂不是更好吗？所以如果我们想让一个人不想做坏事，得靠德行，靠

道德教育和文化信仰的教育。这是我们中国文化伟大的地方

法治与德治

如果说欧美三四百年以来给人类社会的治理提出一

个值得重视的理念，叫法治；那么五千多年以来，我们中华民族给人类社会贡献了一个极为重要的理念，叫德治。

德治和法治对一个社会的治理都起着重要的作用，二者不可偏废。我们中华民族引以自傲的德治这一伟大的理念，以及几千年以来的社会治理经验，可以为全人类的现代社会治理提供宝贵的借鉴之处。当然我们也充分地重视法治的价值，重视程序和实体法律的价值。法安天下，德润人心，相互补充，相得益彰，相互支撑。

每个人都不可能一帆风顺

朋友们，我们会发现，每一个时代的每一个个体，都有各自的烦恼、各自的困惑、各自的痛苦。许多上了年纪的人说，他们的少年时期非常不容易。但"00后"说，现在"内卷"很严重，他们也不容易。的确，一代人有一代人的不容易，每一个人有每一个人的不容易。同时，每一代人有每一代人的责任，每一个人有每一个人的使命。

那么，当我们经历各种坎坷，面临各种考验的时候，总是能够做出正确的选择，走正确的道路，秘诀就是我们今天讲的这一堂课：好的德行为人生保驾护航。

第一章

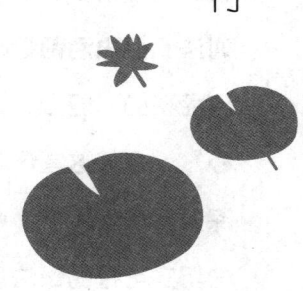

什么是德行

德行是指道德品行的素质。我们古代的经典对德行的描述很多，儒家、道家、佛家对德行都有不同的叫法，但内涵都是相通的，从《大学》的"明明德"到孟子的"四心"，佛家的"佛性"，到道家的"道心"，今天这堂课我给同学们深入梳理一下。同时，深入解读《大学》中的"修身""慎独"等提高德行的切实可行的做法。

1

大学之道，在明明德

讲德行之前，我先介绍一下《大学》这本书。《大学》是儒家四书五经之一，原是《小戴礼记》第四十二篇，相传为春秋战国时期曾子所作，也有学者认为是秦汉时期的儒家作品，是一部中国古代讨论教育理论的重要著作。

《礼记》是中国古代一部重要的典章制度选集，是对周代文化、教育、制度、礼仪、宗教、祭祀等各方面集大成的一本书，应该说是周代整个社会文化全方位的汇总。《礼记》在西汉时由两位姓戴的先生做过整理。一位是戴德，他把《礼记》由原来的一百多篇缩减成八十多篇。另一位是戴圣,也就是戴德的侄子,把《礼记》的一百多篇,筛减成四十多篇。现在流传的一般是戴圣编写的《小戴礼记》,我们所熟悉的《中庸》《大学》《礼运》都在其中。

宋代以后的学者,包括著名的思想家朱熹、程颢和程颐等,特别推崇《礼记》里的《中庸》《大学》。朱熹认为,古代文献内容庞杂,对学者而言,全方位地研究没问题,但对普通人来说,面面俱到地学习就不太可能。于是朱熹把《礼记》中能够深刻、全面地反映儒家精神和智慧的篇章——《大学》《中庸》提取出来,和《孟子》《论语》合在一起,简称"四书"。从朱熹之后,明代的科举考试,都以"四书"和朱熹的《四书集注》为考试的蓝本和参考书。

"内圣外王"之道,从《大学》开始

在中国古代文献里面,《大学》《中庸》《论语》《孟子》《易经》等,各有各的作用,各有各的价值。我们在学习中国古代文献的时候也要注意一个问题,那就是我们很难做到全面地学习。何况两三千年过去了,中国社会发生了巨大变化,我们学古代文献的时候,更多的是学习其中穿越时空的大智慧和真精神。这种智慧和精神经历了时代的变化,反映的是道,或者说是规律,历久弥新。我们不必学习、纠结于古代衣服怎么穿,具体礼节怎么施。这些东西可以了解,但不是学习的重点。

《大学》和《中庸》《论语》等其他书相比,有自己鲜明的特色。所谓"四书之首",说的是《大学》在儒家经典中的重要性。儒家经典浩如烟海,究竟应该从何读起呢?前面说了,经过历代儒者的千挑万选,确定下来了所谓"四书",也就是《大学》《论语》《孟子》《中庸》这一最基本的书目。这四部经典又该从何读起呢?宋元之后的儒家学者一致认定,非《大学》莫属。也就是说,当你看完了《三字经》《百家姓》《千字文》之类的儿童启蒙读物,有了初步的文化基础,掌握了基本的生存技能,真正开始所谓"大人之学"的时候,你要看的第一部儒家经典,就应该是《大学》。这样,你的学问之路才不至于出现什么差错。

《大学》集中讲了一个人经过格物、致知、诚意、正心、修身，然后齐家、治国、平天下。一句话就是，《大学》讲的是"内圣外王"的智慧。当然"内圣外王"这个词是庄子最早提出来的，但是儒家的《大学》这本书很明确地贯穿了"内圣外王"的智慧。

　　人才的培养，不管是中国，还是欧美国家，其实核心就是《大学》所体现的"内圣"，就是要提高人类的智慧、德行；"外王"，就是要干利国利民的事业。只有自己修身好了，有能力担当一份责任，才能干利国利民的事业。反过来讲，如果一个人没有德行，也很难做造福于老百姓的事情。

　　所以说，把"内圣"和"外王"有机地结合起来，是《大学》对整个人类文化的一大贡献。

改变命运不能耍嘴皮子

　　我们总说道德教育、人格教育，总说要提高人的修为，可是大家发现没有，很多人只是流于一些假大空的说法，比如"你要做好人呐""你要有修为""要有德行啊"，几乎没有行之有效的具体做法。这就可能教育出一些双面人。这些人嘴上能说一些冠冕堂皇的话，背后的德行、修为和智慧却并没有跟上。

现在社会上流行一句话，"听过很多道理，却依然过不好这一生"。这是为什么呢？根源在什么地方？就因为只是耍嘴皮子。如果只是在嘴皮子上讲一点道理，而没有行之有效地把道理贯彻下去、落实下去，那耍再多的嘴皮子也改变不了命运，解决不了困难和困惑。只有把听到的道理落实到自己的言行中，脚踏实地地把智慧和德行提高，才能改变命运。命运是在实践中改变的。

从这个意义上说，《大学》这本书值得我们每一个人读，因为它对提高我们的修为、德行和智慧提供了切实可行的做法。这些做法无论对哪个时代的人来说，都有超越时空的意义。

明德：良知、佛性与道心

《大学》最重要的是首章。它重要到什么程度呢？《大

给孩子讲《大学》

学》开篇所讲的首章,不仅高度精炼了《大学》的宗旨,而且宋代之后的儒家学者安身立命的功夫,基本上都在这几句话上了。《大学》开篇说:"**大学之道,在明明德,在亲民,在止于至善。**"其大意是:大学的宗旨,在于彰显光明的品德;在于反省、提高自己的道德,并推己及人,使人人都能改过自新、弃恶从善;在于让整个社会都能达到完美的道德之境,并长久地保持下去。

开宗明义,"明明德",说明《大学》这本书最根本的目的,就是让我们每一个人内在的德行很好地发挥出来,把一个人本来具有的光亮的德行完整地开启出来。

这句话实际上和佛家、道家以及其他儒家经典内容是一致的。佛家讲人人都有"佛性",佛性被污染以后,要不断地去找,证悟佛性的过程其实就是"明明德"的过程。《道德经》讲"为学日益,为道日损",就是指通过学道洗去人类心灵上的污垢,这也是跟"明明德"是一致的。《中庸》讲"天命之谓性,率性之谓道",其实也是说我们每一个人心中都有道心,那种积极向上的光亮的部分,我们把这一部分找到并发扬光大,就是"明明德"。

人天生有四心

有人可能会有疑问:什么叫"内在的德行"?感觉这个词很虚,不容易把握。对于什么叫本来就有的内在德行,孟子的回答特别好。孟子在《孟子·公孙丑》中说,人天生有"四心":恻隐之心、羞恶之心、辞让之心和是非之心,并把四心看作是人的"仁义礼智"四种德性、

心性、品性的发端、源头和萌芽。

比如，当你在家看电视，看到一个老人被欺负的时候，你有什么感觉？难过、气愤。当你走在大街上，看到一个小动物被人踩踏，甚至被打死的时候，你有什么感觉？同情、可怜。当你看到洪水、地震等各种灾难发生，老百姓流离失所的时候，你有什么感觉？内心里面极度痛苦。那是什么？恻隐之心。

我们坐公交车，好不容易占了一个座位，刚坐了两站，一个八十多岁的老太太拄着拐杖，颤颤巍巍地挤上车，站在我们身边，我们会有什么感觉？如果你假装看不到老太太，那会如坐针毡，很不舒服。这是辞让之心。

我们看被抓的贪腐官员，很多人会痛哭流涕，知道自己错了。这是羞恶之心。

有的事做得对不对，我们内心马上就能有一个正确的判断。这叫什么？是非之心。

所以这四种心，我们每一个人都是天生具有的，不是后天植入的。看到很多事情所做的反应，是我们的良心在起作用。教育的作用在于唤醒我们本来就有的良知。

开启内在的德行

我有一次看电视的时候,看到一个快递小哥的新闻。

快递小哥们送货有时间限制,如果某个时间段之内货送不到,要被扣钱,所以他们路上都开得特别快。但是有一天一名快递小哥经过一座大桥的时候,看到一个人趴在大桥上。这个快递小哥本来已经风驰电掣地跑过去了,但是他迅速意识到这个人可能是要自杀,就立即刹车,扔下车子飞奔回来,把这个人一把抓住,救了对方一命。

大家看了都特别感动。这个时候我们就问这个小哥,你去救这个人,送的单如果晚了,扣你几块钱,你怎么办?你救这个人对你有什么好处?又不给你钱。说得直白些,救这个人会影响他的业绩和利益。这个快递小哥,他之所以这么做是怎么回事呢?就是他内在的"良知""明德"起了作用。他和我们所有人一样,将内在本来就有的美好的德行开启了出来。

当然在现实中我们每一个人心里都有这种德行,只是往往被蒙上了污垢,表现得不纯粹。德行被蒙上污垢以后,我们就会比较在意自己的名利,在意自己的收入,在意自己的地位,等等。"大学之道",就是把内心里面本来就有、但是已经受到污染的德行的伟大光亮,拯救出来、开启出来的过程,这个过程叫"明明德"。我们总说道德教育,道德教育最核心的是什么?就是"明明德",其实就是良心教育。

德行开启后的提升

有人要问:如果一个人一旦做到了"明明德",把德行开启出来以后，会有什么表现呢？"在亲民"，就是一个人的德行一旦被开启出来，它表现为对人民大众、对国家、对社会有一份责任和担当，这叫亲民。一个开启了明德的人，一定是一个全心全意为人民服务的人。道德教育的核心就在这里，就是一个人有了良心之后，自然地会亲近别人、成全别人、服务别人、帮助别人。做人的所有美好品质，都自然而然地培养起来。

"在止于至善"，讲的是什么呢？一个人不断地擦亮自己心中的德行光亮，就会不断提高觉悟，就会不断地追求人生至善的境界。在这个过程中，要不断地擦亮自己心中的德行，不断地洗掉心性上的污染，从而让自己变得越来越纯粹。这个过程很不容易，需要一直努力，这叫"止于至善"。当然，"止于至善"还有一种含义，那就是真正"明明德"的人，应该时时从至善的状态出发思考和行为，确保自己做的事能利国利民。

因此，站在现代人的视角，以"大学之道，在明明德，在亲民，在止于至善"为宗旨的儒家教育理念是有其特别的价值的。它最终的目的，在于培养一个道德完善并对社会、国家、人民有高度热忱与责任感的君子，而不仅仅是一个掌握生存技能的劳动者。与专业技能相比，道德品质的养成在实际生活中的应用似乎并不直接。但从长远来看，道德品质的传承，却是一个民族生死攸关的大问题。任何一个人如果希望行稳致远，必须走人间正道。

2

人在天地间,以修身为本

对德行的重视,体现在《大学》"**自天子以至于庶人,壹是皆以修身为本。其本乱而末治者否矣。其所厚者薄,而其所薄者厚,未之有也**"。

"自天子以至于庶人,壹是皆以修身为本。"意思是说:无论是天子,还是普通百姓,都无一例外,必须以修身(修养自己的品德)作为人生的根本。也就是说,我们中国文化认为,人在天地之间,能够立足的根本是什么?是德行。为什么这样说?如果把人比作一辆车,不置身危险之地、不驶向悬崖峭壁的根本在方向盘。一个人经历无数的考验，能够顺利地把这些考验给跨过去，靠的是什么？靠的是德行。所以人立在天地之间，是以修身为本的。人一生平安吉祥，最根本的是依靠德行。

清华 vs 二本、三本

有一个孩子考上了清华大学，全家特别高兴，就把亲朋好友请来开升学宴大吃大喝，甚至还收了很多红包。我一方面为这个孩子考上清华感到高兴，另一方面也想提醒他的父母几句。这个孩子考上了清华，别的孩子考上了普通二本、三本。用车速来比喻的话，考上清华的车速可能是时速三百公里的高铁，考上普通二本、三本或者专科的，可能是时速八十公里的汽车。这个孩子考上了清华，证明他的车速比别的孩子快。车子越快，越需要牢牢把握好方向盘。考上清华以后如果方向盘出了问题，也就是做人出了问题，那么车速越快越容易出事，甚至粉身碎骨。

所以孩子考上清华后，一方面大家都很高兴，这是人之常情；另一方面得给孩子讲清楚，正因为自己考得好，将来面临的机会多，所以更有沉甸甸的责任。这就是《大学》所强调的"自天子以至于庶人，壹是皆以修身为本"。应该沉下心来想一想，这一辈子对生养我们的父母，对护佑我们的国家，也就是父母之邦，应该承担什么责任？将来面临各种考验和诱惑的时候，能不能不忘初心，内心永远对国家、人民充满了感情？

所以，如果没有正确把握好方向盘，将人生的第一粒扣子扣错了，价值观都错了，想在天地之间立身，根本无从谈起，这叫"其本乱而末治者否矣"。

高考分数 vs 德行

接下来，"其所厚者薄，而其所薄者厚，未之有也"，也就是说，一个人对身边的事物，该重视的没有重视，不该重视的却重视。举个例子，很多家长在对待孩子的学习问题上，就存在"薄者厚，厚者薄"的现象。分数对孩子来说重要吗？太重要了，不用解释。那德行对孩子来说重要吗？学生的考试成绩高低，只是一时的成败，而品德不好，则关系一生的成败。一时的成败，还有挽回的余地。而品德一旦出了问题，往往覆水难收，不可挽回。

当孩子有了正确的价值观之后，如果他成为一个著名的人物，可以造福社会，成就自己；如果他成为一个平凡的人，能够乐善好施，与人为善，也可以过一个有意义的人生。如果孩子人生的第一粒扣子没有扣好，即使考上了北大、清华，也会走上邪路、歪路，走上"精致的利己主义"，甚至违法犯罪的道路，最终会给社会带来灾难，甚至家破人亡。

我相信任何一个有智慧的青少年朋友和家长，都懂得这个道理。保孩子一生平安的，不是高考的分数，而是优良的品质。这个是肯定的。可是很奇怪，许多家长几乎把全部的精力都放在抓孩子的学习上，而对孩子的德行重视不够。这叫"其所厚者薄，而其所薄者厚"，结果是"未之有也"。这样的话，想让孩子将来有成就，是不太可能的。

希望我们所有家长和孩子，都有这个觉悟，就是《大学》所说的，"此谓知本，此谓知之至也"，意思是说，一个人懂得了大是大非，就真正有了智慧。

任何一个人，尤其是家长朋友，如果希望孩子能够取得较大的成就，如同一棵大树能够枝繁叶茂，一定要浇灌大树的根脉，就是要培养孩子的优良品质：孝敬父母，遵纪守法，发自内心地爱国、爱人民。

3

故君子必慎其独也

《大学》里有一句话,"**故君子必慎其独也**"。很多书都在讲"慎独",比如《中庸》有这样一句话,"君子戒慎乎其所不睹,恐惧乎其所不闻。莫见乎隐,莫显乎微,故君子慎其独也。"意思是说,君子是这样一种人,他们在别人眼睛看不到的地方,会谨慎小心;在别人耳朵听不到的地方,也一样会警惕注意。越是在隐秘的时候,越是在平凡的细节里,越能彰显一个人的品质。所以君子在个人独处的时候,也要谨慎警惕。

为什么强调慎独

为什么中国文化特别强调慎独？一个人在外在的监督下所表现出的行为，和没有外在的监督下而自发表现的行为相比，哪一个更可靠？我相信大家一下就听懂了。一个人在外在的监督下，表现出来的言谈举止可能是迫不得已的。而只有在没有外在的监督下，自发地表现出来的那种言行举止，才是可靠的。一个人的修为，只有来自生命的自我觉悟，才真正可靠。这就是慎独的价值。

晚自习时的小把戏

我小的时候，同学们都要上晚自习。晚自习开始后，老师一般就回家或办公室了，这时候，孩子们就会兴致勃勃、放心大胆地开始聊天、说话。但是老师有的时候会偷偷地回来，透过窗户往教室里看。有的同学坐的位置能在不经意间通过门口的玻璃反光，发现老师从远处往教室这边走过来，这时候他就赶紧不跟别人说话了，低下头装作认真、专注地看书。老师进来了之后，还表扬说："你看看人家某某同学，在没有老师在场监督的

给孩子讲《大学》

情况下还能如此专注、自觉,你们要向他学习。"老师表扬他,他自己还美滋滋的。

同学们,这位同学的行为可靠吗?不可靠。为什么?因为知道老师要来了才开始假装看书,这是在外在的监督下,装给老师看的一种行为,是自欺欺人的。这是我中学生活的真实经历。

所以,慎独是没有外在监督下的自觉行为。我们不是装给父母看,也不是装给老师看,而是自己内心里要刻苦、要用功。这才是最可靠的。

监控器里的小聪明

我在手机上看到一个小视频,说一个小孩,他父母上班之前告诉他,"你在家必须看书、写作业等,回来我要检查"。结果是什么呢?他们家里养了只宠物狗,狗的听觉能力比人强得多。父母刚准备进家门,这只小狗已经听见了,就开始在门口蹦来蹦去,准备欢迎了。那个小孩很聪明,他知道父母要下班了,就以百米冲刺般的速度,拿来遥控器把电视关掉,把沙发摆得整整齐齐,"嗖"地一下坐到桌子边打开书本,摆出一副正在那里认真学习的样子。父母回到家一看,哎呀,孩子那么专注,心里甚是安慰。当然,后来父母通过摄像头录像也知道了实际情况是什么样子。

我只是想说,这种装给别人看、装给家长看、装给老师看的行为,只能送给他四个字——自欺欺人。所以我们中国人讲慎独的时候,其实强调的是,只有发自内心地要这样做,才是可靠的。比如有些男孩、女孩谈恋爱时,为了讨好别人会做出一些虚假的行为,这是经不起考验的。只有真正善良、真诚、有责任感的人,才经得起时间的验证。

4

君子必先慎乎德

《大学》中讲到"是故君子先慎乎德",意思就是君子特别强调德行,为什么呢?《大学》里讲:"有德此有人,有人此有土,有土此有财,有财此有用。德者本也,财者末也。外本内末,争民施夺。是故财聚则民散,财散则民聚。是故言悖而出者,亦悖而入;货悖而入者,亦悖而出。"这段话又在强调德行与修为的重要性。

有德此有人，有人此有土

一个有德行的人，能够感召和吸引无数的人和他一起奋斗，闯出一片天地，就是"有德此有人，有人此有土"。闯出一片天地后，用今天的经济话语就是说，占领了一片市场，必然就有了自己的事业，就有了活力，就是"有土此有财"。那么有了财之后，就"有财此有用"，就能够更好地利用财富去为人民服务，为社会做事。

仅仅有德行是不够的

今天的很多人想着赚钱，想着发展大事业，其实做一名企业家需要很多素质。一个人光有德行，仅仅是个好人，能不能当一个企业家，做好一番事业？结论很清楚，绝不可能的事。光是一个好人，是远远不够的。

再比如，有一个人，人品特别好，能不能是个好老师？不一定。他还得会教学，学生遇到问题他还得会处理。同样的，有一个人，仅仅是一个好人，能当好校长吗？

我可以明白地说，他肯定做不好一个校长。当个好校长除了人好之外，还得是学术的专家，真正懂教育，还要把政府的关系处理得特别好，不断地给学校争取发展的利益等等。这都是作为一个校长应该具有的素质。

也就是说，有德行，只是我们做成事情的一个因素。所以，"有德此有人，有人此有土，有土此有财，有财此有用。"注意这句话，它只是强调了德行。我请同学们注意，我们这一辈子想做出一番事业，仅仅有德行是不够的。除了德行之外，还必须有能力、有格局、有办法等综合素质，才能够成就一番事业。

德者本也，财者末也

《大学》接下来讲，"德者本也，财者末也"，一个人具备了德行，这是本。有德行的人遵纪守法，好好地经商，有能力，这些素质综合起来才能赚钱。所以赚钱是什么？是一个有德行的人，在为人处事、守法经营的过程中，自然得到东西。这叫"德者本也，财者末也"。

光有德行是不可能成为一个伟大企业家的,还必须懂市场、懂经营、会管理等等,但是德行确实是本,财者确实是末。否则,他没有德行的话,钱的来路不正,不遵纪守法,偷税漏税,最后的结果恐怕是不可能持久的。

"外本内末,争民施夺。
是故财聚则民散,财散则民聚"

接下来,"外本内末,争民施夺",是什么意思呢?如果一个政权光强调经济效益与民争富,而不修自己的德行,或者不好好地为人民服务,跟人民争利,疯狂聚拢钱财,老百姓必定与其离心离德,甚至想办法推翻它。这就是"财聚则民散"。如果一个政权有德行,把钱用在为人民服务上,人民就来拥护它。这就叫"财散则民聚"。

"言悖而出者,亦悖而入;
货悖而入者,亦悖而出"

"是故言悖而出者,亦悖而入",什么意思?你对别人不好好说话,说话不客气,不管不顾,就像点了药的火枪一样,只管开枪,特别噎人,将来别人对你也不客气。

"货悖而入者,亦悖而出",就是指如果钱的来路不正当,最后的结果必然是东窗事发,该吐出的都吐出去。

莫做"财物保管员"

在纪委处理的贪腐案件中,有这样一种现象:有些官员有工资,有国家的待遇,也有房子,贪了几亿元,也不敢花。因为现在人们都线上交易，资金来路能被查得清清楚楚，所以他不敢花，就在家里放着。有的放着几千万元的现金，中纪委查的时候，都充国库了。

这种人就是"财物保管员"。把来路不当的钱放在家里，放来放去，最后给谁放的？一旦没收了，全部用在国计民生上，修铁路、修公共设施等。而贪官本人，因为家里有这些来路不正的钱，重则被枪毙，轻则判死缓，再轻一点至少判一二十年。何必呢？这就是典型的"货悖而入者，亦悖而出"。

同学们，君子爱财，取之有道。咱们这一辈子赚的钱，一定要来路正当，一定要遵纪守法，诚实劳动，合法经营，该交的税就交，那拥有多少钱都光荣，多少钱都值得点赞！服务了人民，也对自己有利，皆大欢喜。

第二章 德行切忌空谈

我们评价德行的时候，常常面临一个大问题，就是没有量化的标准。就是说一个人有无德行，不知道拿什么来衡量。没有量化的标准，德行的概念就是假大空，就不能落实。这是我们道德教育中一个很重要的问题。今天我就要把德行的量化标准告诉大家。这一课，绝对不是只简单讲一个空洞的概念，而是拿出一个可实施的具体的德行量化的标准，让每一个人的德行提高变得有据可依。

1 量化德行

德行的第一个量化标准是,价值观上超越自己的程度。注意这个标准,取决于你是总自私地为自己着想,还是尽可能地多为别人着想。你越能替别人着想,你的德行就越大。中国乃至人类历史上,所有被记载在历史丰碑上,被永远缅怀和纪念的英雄们,他们基本的价值观都是能够把自己奉献出去,为人民、为国家、为大众去打拼。

中国历史上超越自己的典范

神农氏尝百草

上古时候，五谷和杂草长在一起，药物和百花开在一块，哪些是粮食可以吃，哪些不是粮食不能吃，哪些是草药可以治病，哪些不是草药不能治病，甚至有毒，谁也分不清。黎民百姓经常因饥饿乱吃东西而生病，甚

至丧命。谁要生疮害病，无医无药，不死也要脱层皮！老百姓的疾苦，神农氏瞧在眼里，疼在心头。怎样给百姓充饥？怎样为百姓治病？神农氏苦思冥想后，远涉高山大河，遍尝各种植物，这就是人们所说的"神农尝百草"。

为了找寻治病解毒的良药，他几乎嚼尝过所有植物。据说他曾"一日遇七十毒"险些丧命。他尝尽一座山的花草，又换一座山接着尝。最后，他踏遍了各地的沟沟坎坎，终于品出了麦、稻、谷子、粟米和许多能够充饥的豆类，即"五谷"。他也尝出了三百多种草药，后世的药典为了纪念他而取名《神农本草经》，这本书一直被用于救死扶伤，泽被苍生。

大禹三过家门而不入

传说在帝尧时期，黄河流域经常发生洪水。庄稼被淹，房子被毁，再加上毒蛇猛兽伤人伤牲口，老百姓苦不堪言。土地令人们有了生存的基础，勤劳所能得到的

给孩子讲《大学》

回馈都可以在土地上实现；水本来是可以滋润土地帮助人类的，但不受控制的水却可以将人们所期待的一切稳定性刹那间摧毁干净。人们要生活下去，要让子孙后代在这片土地上扎根下去，他们渴望平安幸福但无能为力的时候，鲧和禹这样顶天立地的英雄应运而生。

　　鲧是禹的父亲，数年治水不得成功。大禹总结父亲的治水经验和失败原因，制定了一条切实可行的方案：一方面继续加固和修筑堤坝，另一方面用疏导的办法根治水患。大禹除了指挥外，还亲自参加劳动，为群众做出了榜样。他不辞辛劳，废寝忘食，夜以继日，三次路过自己家门口而不入。在他的领导下，民众经过艰苦的劳动，终于取得了治水的成功。同时，他还大力帮助老百姓重建家园，修整土地，恢复生产，使大家过上了安居乐业的生活，完成了流芳千古的伟大业绩！

诸葛亮鞠躬尽瘁死而后已

诸葛亮是三国时期蜀汉丞相，杰出的政治家、军事家、文学家、发明家。诸葛亮在中国人的心目中，是聪明与智慧的化身。他上通天文，下知地理，三教九流无所不知，四书五经无所不晓。他注重廉政建设，以身作则，在蜀汉上层营造廉洁奉公的政治氛围；他立法公开、执法公平，增删秦汉旧律，制订了蜀国的法典《蜀科》；在经济上，他休士劝农，实行军屯耕战，因地制宜地采取了一系列得力措施；在军事上，他治军有方，曾发明八阵图、木牛流马、孔明灯等，并改造连弩，主张治军以明、赏罚有信，打造了一支能征善战的军队；在文学上，著有《出师表》《诫子书》等流芳百代的名篇华章。诸葛亮就是这样一个全才，他用一生践行了什么是"鞠躬尽瘁，死而后已"。

岳飞精忠报国

岳飞是南宋抗金名将，是中国历史上著名的军事家、战略家。他在中国几乎是一个家喻户晓的民族英雄。金灭辽之后，大举南侵宋朝。岳飞的母亲深明大义，积极勉励岳飞从戎报国，还在岳飞后背刺上"精忠报国"四个字，希望他永远以报国为志。精忠报国形容精心忠诚，报效祖国，为国家竭尽忠诚，牺牲一切。岳飞抗金的故事早在南宋末年就已广泛流传于民间。人们十分熟悉的那首《满江红》："怒发冲冠，凭栏处、潇潇雨歇。抬

望眼，仰天长啸，壮怀激烈……"岳飞用寥寥数语，淋漓尽致地抒发了报效祖国的万丈豪情。他身上所体现出来的强烈爱国主义精神和宁死不屈的高尚情操，一直感染和鼓舞着后来人。

可以说，在中国人的心目中，岳飞已成了一面爱国统一的旗帜，廉洁奉公的楷模，伸张正义的义士，以身殉志、宁死不屈的英雄！

给孩子讲《大学》

超越自我的程度表现德行的程度

所有这些说明了:价值观上多大程度上超越自己,为别人、为大家、为人民、为国家考量,体现一个人德行的程度。相反,有那么一些人,闲得没事干,整天吃完饭、喝点酒就开始说这不好、那不好,看不到一点正面的力量。请大家想想,尽管还有不少问题需要我们不断解决,但是社会的安稳、人民的安居,这些都是无数的解放军战士在边疆放哨站岗,以青春来捍卫国家的尊严换来的;是各行各业的人无私奉献,为国家的平安而努力得来的。

也就是说,如果一个人极端地自私自利,我们说这个人基本上没有德行。如果他考虑为他人服务了,他的德行就开始提升了。他能够更多地为他人服务,他的德行就更多地增加。他能全心全意地为人民服务,那他的德行就达到了一个相当的高度,真正成为一个德行的丰碑。愿意全心全意为人民服务并且言行一致的人就会是模范,就会是大家学习的榜样。

所以《大学》一句话叫,"得众则得国,失众则失国",

意思是一个有德行的人,他能为人民服务,就能得到人民的支持。相反,如果他自私自利,最终人民群众会和他离心离德,他会成为一个历史上反面的典型。

2 抵制诱惑

评价德行的第二个标准是，在实践中能不能严格自律、抵制诱惑。德行的大小和抵制诱惑的能力有关。《大学》里面有一句话，"小人闲居为不善，无所不至见君子而后厌然，掩其不善而著其善"。什么意思？有些德行不好的人，抵制诱惑的能力很弱，别人给他点不义之财，他马上就收了，什么坏事都干；但是在别人面前还装作若无其事，其实是伪装不了的。

金钱的诱惑

我曾经跟一家企业的员工做交流。这个企业的老总问我："郭老师，我们有些员工有吃回扣的现象，说白了就是有些人有挪用公款或者贪污腐败的行为，这怎么办？"

我知道这件事以后，就对这家企业的高管说，你们一定要严格自律，抵制诱惑。比如说面对三十万元不义之财的时候，如果一个人能绝对不动心，说明他的德行经受住了三十万元的考验。在三十万元之内的不义之财的标准上，他是安全的。如果说来了一百万元，这个人内心里面不动摇，能坚持做人的原则，说明他的德行经受住了一百万元的考验。但是反过来讲，如果给一个人几千元钱，他就开始违法乱纪，违背公司的规定，甚至违背国家的法律，开始弄虚作假，那说明这个人道德的高度连几千元钱都达不到。别说成就大事业了，再低的职务也当不了。因为他的意志太薄弱了，几千元钱的诱惑都抵挡不住。

如果从理想的状态说，这一生无论多少不义之财来到面前的时候，总是能够把持住自己，那这个人的德行就非常了不起了。所以在德行方面，一定要注意严格自律，抵制诱惑。一个人德行的厚重与否和他抵制诱惑的能力有关。

游戏的诱惑

同学们，你能抵制打游戏的诱惑吗？你能抵制想出去玩、不用学习的诱惑吗？对青少年来讲，德行就是，在最该读书的年龄，就要好好地读书。当然不能说一点游戏都不打，这也不现实。但是打游戏要有度，打一段时间以后就要好好地看书。我该看书了，对不起，我与游戏一刀两断，我就专心读书，绝对不沉迷在游戏中不能自拔。这能不能做到？你能做到，我给你点赞，说明你抵制诱惑的能力已经很强了。

3

孝顺双亲

德行的第三个标准是什么呢?一定要孝顺双亲。

为人子,止于孝

大家注意,《大学》里面有句话,"为人子,止于孝。为人父,止于慈",意思是一个人首要的品质是尊敬自己的父母。为人父母,一定要慈爱孩子,对孩子负责。这个负责、慈爱不是溺爱,而是对他的批评和教导等。一个家庭就好比一棵树，树根就是老人。我们的父母、爷爷奶奶、外公外婆就是我们的根。儿孙们只有把根护养好了，这个家庭才能枝繁叶茂。我观察过很多有成就的人，他们往往很孝顺，甚至特别孝顺。一个连父母都不孝敬的人，还有什么德行？

一个人的良好品质不是无缘无故产生的，是以"孝道"为根生长出来的。所以说一个人有没有德行，一定要看他是否孝敬父母。所以我想告诉大家，一个人一定要孝敬父母，这是德行的一个表现和尺度。如果说你连生养你的父母都不尊重，都不懂得报答，那德行无从谈起。忠臣必出于孝子之家。一个对父母都不感恩的人，如何热爱祖国和人民？如何对他人讲诚信？

4

遵纪守法

一定要遵纪守法，这是德行的第四个标准。为什么？遵纪守法是一条刚性的红线。

对青少年来说，遵纪守法意味着你不能霸凌别人。有的孩子长得人高马大的，比如说同学们平均身高一米七，你已经一米八、一米九了，特别有力气，一般的同学打架打不过你，你有没有欺负别人？

给孩子讲《大学》

老天为什么给你这么一副强健的身体

我有一次在外边讲课的时候,遇到一个小孩,他是体育特长生。他身高接近一米九,长得明显壮实,一般小孩打不过他。他负责接待我,我说:"你接近一米九的个子,身体那么壮实,你知道老天为什么给你这样一副身体吗?"这个年轻人是个高中生,被我问住了。他说:"老师,我不理解,我不知道怎么回答。"

我说:"老天是让你保护好自己的同时,保护好弱者,绝不霸凌、欺负别人,这样才不辜负你有这么好的身体。"同学们注意,有人会说,我的身体不是老天给的,是我自己锻炼的。其实,有的人这辈子身高就一米六,怎么练都练不到一米九。所以这实际上有先天的因素,当然也有刻苦训练的因素。那个小孩是学传统文化的,听到我这话以后立即用立正的姿势,然后双掌合十,给我鞠了一躬:"老师,谢谢你。"

现在中小学里面有的小孩长得人高马大,看别的小孩个子不高,就把人家堵在墙角欺负,跟人家要钱。这不仅是缺德,而且违法了。所以德行的标准之一,是遵纪守法,不能伤害别人。

完全不负刑事责任的年龄

在现实中,有的孩子仗着十多岁还无须承担民事责任,就故意伤害别人,甚至违法犯罪。这是丧尽天良的!注意,我们一辈子都要遵纪守法,既要保护自己,也要爱护别人。

过去,完全不负刑事责任的年龄是14周岁以下,现在因为低龄未成年人实施严重犯罪的案件时有发生,引发社会关注。根据2020年通过的《中华人民共和国刑法修正案》第十七条,已满十二周岁不满十四周岁的人,犯故意杀人、故意伤害罪,致人死亡或者以特别残忍手段致人重伤造成严重残疾,情节恶劣,经最高人民检察院核准追诉的,应当负刑事责任。一个人不管年龄多小,在内心里都要同情、尊重他人,而绝不可无故伤害他人。

还有,一个人绝对不能偷东西。自己缺少东西,可以跟父母说,让父母给钱买。如果家里条件不够,可以慢慢地创造条件,千万不能偷东西。

我说的这些都是最起码的标准:遵纪守法,不伤害别人,不霸凌别人,也不伤害自己,不要偷别人的东西,捡到东西以后要交公。这些都是德行的底线。

5

有利于大众

德行的第五个标准，是有利于大众，要为人民服务。有利于大众就是《大学》讲的"**亲民**"。这个德行的层次更高，就是能不能设身处地替别人着想。人这一生能够多大程度上去帮助别人，他的德行就有多高。

周恩来总理

周恩来总理已经成为中国共产党人伟大人格的典范，成为中华民族伟大精神的化身，更是当代共产党人不忘初心、牢记使命、永远奋斗的楷模。他为中华之崛起而读书，一生奉献给这个国家。他谦虚谨慎，不骄不躁，心怀坦荡，光明磊落，对国家和人民的贡献就像滔滔江河，可他从不居功自傲。他地位显赫，但他从不锋芒毕露，盛气凌人。

他始终热爱人民、勤政为民，集中表现为他甘当人民公仆的精神，坚持人民利益高于一切，把自己看成人民的"总服务员"，反复强调"我们的一切工作都是为了人民""我们国家的干部是人民的公仆，应该和群众同甘苦，共命运"，要"永远做人民忠实的勤务员"。他心系人民，急群众之所急，忧群众之所忧。只要是关系群众安危冷暖之事，他总是关怀备至、体贴入微。逢年过节，他总是关心在生产一线的工人能不能吃上一顿饺子。他多次奔赴抗洪前线、地震现场，哪里有灾情，哪里有困难，他就及时出现在哪里。新中国成立后，他担任政府总理二十多年,殚精竭虑,夙夜在公,鞠躬尽瘁,被人们亲切地称为"大地之子"。

伟人们的言行,给我们生动地展示了什么叫"大德"。有利于大众,就是假如一个人内心里只有人民,只有国家,并在生活、工作中力所能及地为国为民做点好事、实事,那就是道德的丰碑和楷模。当然了,有些朋友可能会说,他没有那么高尚,那至少能做到不自私自利吧?我们说话、办事的时候,想着自己的父母,想着同学,尊重老师,行不行?总之要有利于大众。

6

感恩之心

德行的第六个标准,是感恩之心。一个人有没有感恩之心是有没有德行的一个重要的标尺。我们立在天地宇宙之间,如果没有别人的帮助,我们很难有成就,对所有帮助、成全我们的人,都要发自内心地去感恩,这是一个人有德行的表现。

父母恩

对于任何一个人，没有父母的生养，就不会有我们的生命；没有父母的养育，我们就走不到今天。我们要永远对父母感恩。父母生我们养我们，言传身教，这种生养之恩，永远报答不完。虚云老和尚，为了报父母的恩，从普陀山起香，三步一拜朝五台，历经三年报母恩。我们这一生，一定要尽自己最大的能力让父母安心。相反，如果连父母恩都不懂得报的人，还会报谁的恩？古人讲"修齐治平""内圣外王"，把自己修好，把家庭责任承担好，才能为社会服务，才能更好地为国家服务。

师长恩

在成长过程中，最启迪我们智慧的就是历代的圣贤、伟大的思想家，教育我们的老师和为国家肝脑涂地的大英雄，所以要永怀感恩之心。老师把圣贤的思想传达给我们，把各种生存的技能、知识教给我们，没有师长的帮助，我们能成才吗？我们要永远尊敬老师。庄子讲："吾生也有涯，而知也无涯，以有涯随无涯，殆已。"知识的学习没有尽头，而且经常更新，"其学也无涯，其生也有涯"。人这一辈子，一定要多读大浪淘沙、历久弥新的经典，多向有智慧的人学习。

大众恩

我们平时的工作与生活，离不开人们的帮助和助力。我们吃的每一道菜、每一粒米，都是经过农民耕种、运输工搬运、厨房师傅加工等重重工序才能来到我们的餐桌上。对所有帮助我们、成全我们的人，我们都要发自内心地去感恩，这是一个人有德行的表现。所以要尊敬、珍惜、爱护自己的朋友，要永远尊敬、珍惜、爱护自己的同学。

国家恩

这个世界上多少国家还有战争,还有人流离失所,我们有这样一个伟大的祖国托着,要不要对伟大的祖国感恩?如果我们的国家被人欺负,如果中华民族不能屹立于世界民族之林,我们今天还有安宁的生活吗?每个国家都难免有问题,有问题不怕,只要我们真诚地面对,勇敢地解决,一定会有光辉的未来!但我们切不可自毁长城,切不可不珍惜几百年以来才有的大好局面!尽管当今国际局势复杂,只要中华民族自己争气,被列强侵略践踏的时代永远不会再有了。

"鱼不可脱于渊",国家的强大与护佑是托起我们每一个人幸福的根本力量。正是有了国家的安全,才有了老百姓头顶的蓝天和平静的生活,国家好,民族才好,爱国是每一个公民应该承担的义务。

今天我们能够有安宁的幸福生活,是因为有无数人的奉献,有父母的辛勤汗水,有老师的谆谆教导,有朋友和同学的无私帮助,有伟大的祖国和党领导的民族复兴伟业,我们要永远对我们的人民,对我们的国家,对

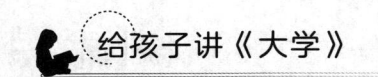

我们的社会，对我们的父母，对我们的朋友，对我们的老师感恩，这是有德行的一个很重要的表现。

7

热爱劳动

德行的第七个标准，是热爱劳动。只有在劳动的过程中，一个人的智慧和德行才能锻造出来。一切人类伟大的文明都是劳动创造的。一个人所有优良的品质都是劳动中养成的。热爱劳动，德治体美劳全面发展才好。一个人一旦轻视劳动、看不起劳动人民，那这个人的品质和德行，我们要怀疑了。所以说热爱劳动是一个人是否有德行的特别重要的标准。很多年轻人，由于家庭条件好了，家里要钱给钱，要啥给啥，却不知道自己要的钱有可能是父母起早贪黑辛苦劳动赚来的。

给孩子讲《大学》

不要做精致的利己主义者

北京某一所重点中学有个学生学习好,能考北大清华。但每次轮到他和同学一起值日的时候,同学老老实实干活,而他起身就走。几次以后,班主任受不了了。当他再次起身走的时候,班主任伸手把他抓住说:"孩子,别人都值日,每一次你都偷偷地走掉,这样不合适。"结果那孩子把班主任的手甩开了,还告诉老师:"我的任务就是考清华!"

从平时成绩看,这名同学成绩非常好,肯定能考上北大清华。那些老老实实值日擦黑板、打扫卫生,认认真真为班级做事的孩子,可能只能考一个普通的本科大学。但是,这种孩子即使考上清华了,一个自私自利的人,又能怎么样?一个没有人品支撑的人,又能走多远?该他值日的时候都不值日,都让同学代干,被老师拉住了,还要把老师的手甩开!他的行为让老师心里无比凄凉。

一些家长教育孩子的时候,只注重学习,就想让孩子考个本科,考个研究生,不重视孩子的德行。学习成

第一讲 德行为人生保驾护航

绩好，只是孩子成才的其中一个条件，真正支撑孩子行稳致远的，是孩子的综合素养，是优良的品行，厚德才能载物。所以我们的家长，天天逼着孩子写作业的时候，可知道孩子的人格和德行怎么样吗？

8

团结大家

德行的第八个标准,是团结大家,共同奋斗。《大学》里有一句话,"**此谓唯仁人为能爱人,能恶人**"。什么意思呢?就是一个真正有智慧的人,能分清楚什么样的人值得尊重,什么样的人要远离。那么团结大家是什么意思呢?这个世界上没有单枪匹马的英雄。我们生活在世界上,如果没有协作、没有互助,想要做出一番大的事业,基本上是不可能的。只有众志成城,团结起来,努力同心,才能有所成就。所以想要拥有良好的品质、好的德行,一定要团结大家。

和有德行的优秀的人共事

我们观察到,在现实中,有一些年轻人有能力,也挺聪明,但是不合群。这是很大的毛病。如果你看不起别人,不合群,自以为比别人高明,会栽大跟头的。一个真正有德行的人,这一生想做出一番事业的话,一定要有团结大家共同奋斗的意识和能力。当然了,有的人人品不好,那就不仅不能团结他,甚至还要远离他。因为如果他的人品、德行有问题,他会影响你,会干扰你。我说的团结,是团结志同道合的优秀的人共同奋斗。

今天有的小孩的心量(胸怀、心胸)像针尖一样小,连宿舍的人际关系都处理不好,垃圾只捡自己床下的,不顾及其他同学。别人拿到奖学金,自己没有,就万般的难受,容不得别人优秀,如此等等。心量小到只想着自己,怎么能团结其他人?心量要广大,真心要显现,别人过得比我们好,高兴;同学比我们强,高兴;别人比我们有成就,高兴。我们要有这样的心愿,发自内心地希望这个世界上的人都能过得好、发展得好,都能有智慧、有成就。如果没有这个胸怀,那说明你的智慧和修为不足，还需要更多的努力。实际上，当大家都好了，我们才能更好。只有胸怀广大，才能吸引到更多志同道合的优秀的人才一起奋斗。

　　德行的八个标准说完了。总结一下，大家发现没有，德行的含义不空洞了。什么叫有德行？在价值观上要超越自己，绝不自私自利，能够尽可能地替别人着想。一定要在实践中严格自律，抵制诱惑。抵制诱惑的能力有多大，德行就有多厚重。孝敬父母，遵纪守法，有利于大众，拥有感恩之心，感恩老师，感恩父母，感恩国家，感恩天地，感恩同学，感恩朋友，感恩所有在我们成长和发展的过程中支撑我们、帮助我们的力量，同时热爱劳动、团结大家等等，这些都是德行的具体表现。

第三章 德行如何培养

培养德行是一个综合性的过程，涉及多个方面的努力和实践。很多人都说："听过很多道理，却依然过不好这一生。"这是因为，他们没有把"道理"和"实践"结合起来。所以学了道理后绝不要耍嘴皮子，不停留在嘴面儿上，要从心里面去领会，落实在生活和工作中间，去改变自己，然后改变别人对自己的看法，命运和环境都改变了，越来越好。今天我给大家讲一些培养德行的行之有效的方法。

1

三省吾身

第一个方法,就是起心动念上的自我反思、修正能力。《论语》说"吾日三省吾身"。孔子还说:"见贤思齐焉,见不贤而内省也。"这对我们做人有什么启发?

见贤思齐

见贤思齐,就是见到优秀的人,要向他学习。我们社会中有一种不好的心态,叫"羡慕嫉妒恨"。羡慕还可以理解，如果"嫉妒""恨"，就很不应该了。一个优秀的人比自己强，嫉妒有什么用呢？我们不应该嫉妒一个优秀的人，嫉妒人家的优秀，人家照样在成长、发展。相反，越嫉妒别人，自己反而心胸越狭窄，越落后，越会被时代所淘汰。所以，一定要打开自己的胸怀，上天让一个优秀的人在我们身边，不是让我们嫉妒的，是给了我们一个进步的老师，让我们把这个优秀的人作为一面镜子，发现自己的弱点，向人家学习。所以，遇到优秀的人，可不能心胸狭窄，永远不要嫉妒，要用诚恳的态度，赞扬人家，学习人家，见贤思齐。没有这份胸怀，不仅自己痛苦，更会被时代淘汰。

见不贤而内省也

下面一句，"见不贤而内省也"。如果见到一个人不好的行为，谩骂人家、嘲笑人家，实际上自己可能还不如别人。我们提倡看到不好的现象也要想想自己：这些毛病我也有吗？我是不是和这种人一样，也有那种缺点、弱点？这样才能避免自己犯类似的错误。你看，孔子的话对我们做人多么有帮助，它实际上解决了我们现实中面临的很多问题。

对自我要求严格的人，任何时候都会反思自己的想法是不是自私自利，有没有考虑别人。比如同学们，我们在班里面的任何一个想法，有没有伤害老师，有没有不尊重同学？我们做任何一件事的时候，要对自己好，要对别人好，要对老师、对大家都好，争取做到在念头上随时随地地自我提醒。

三人行，必有我师焉

孔子还讲过："三人行，必有我师焉。"这句话很简单，但其中的内涵是非常深刻的。两千多年来，虽然中国伟大的思想家、哲学家非常多，但是像孔子这样地位的哲人具有唯一性。我想问那些不懂得尊重别人的人，连孔子这样伟大的哲人都说："三人行，必有我师焉"，这是一种什么胸怀？要谦卑，要海纳百川，如果没有这种精神，我们永远不会成长。

有些人读了一点点书，就傲气得不得了，说话就开始不注意了。谁能说自己一定掌握真理了吗？谁能说中国古代圣人的智慧，当今的科学知识都了解了吗？任何人都有局限。人类的文化智慧像太阳，我们不过是一抹阳光，甚至连一抹都没有，有什么骄傲的？所以，"三人行，必有我师焉，择其善者而从之，其不善者而改之"，这句话很了不起，我们要时时反思人性的弱点。

任何一个人，人性之中都有弱点，千万不要美化自己，要常怀谦卑之心，海纳百川，有容乃大。善于学习，才能不断进步，古今中外，皆是如此。自觉地向别人学，一定要有这个自觉。

2 做好本分

涵养自己德行的第二个方法，就是一定要做好本分。

孔子的学生有若说："君子务本，本立而道生。"这句话很多人听说过，可是多少人知道自己的本分呢？讲了一万条理想，可是自己的本分做好了没有？不管一个人有多大的雄心，一定要在做好本分的基础上，一步一步往前走。

给孩子讲《大学》

年轻学生的本

年轻人18岁读大学,花了家里那么多钱,人生最灿烂的四年青春年华,如果碌碌无为,浑浑噩噩,大学、研究生或者博士毕业的时候,自己根本就没有学到东西,我们这个"本"是怎么做的?如果"本"没做好,将来到社会上打拼的时候,怎么可能风声水起?

年龄小一点的同学,你是个好学生吗?如果作为一个学生在学校里面顶撞老师,连最起码的尊师也没有做到,没有好好读书,沉迷打游戏、上网,荒废时光,让父母很难过,在最该读书的时候没有好好读书,在最该奋斗的时候荒废了时间,德行从何谈起?

人人都要务本

公务员兢兢业业为老百姓服务;金融机构好好扶持对国计民生有帮助的企业;商人好好地把自己的产品质量提高,对消费者负责;老师传道授业解惑;公安同志把社会治安管好；如此等等。各行各业，各司其职，各安其本，大家想想，这样的社会怎么可能不好？这就是务本！可是很多人没有真正务本，不务本的结果是什么？就是自己的成长会遇到重大障碍，因为人生是一个台阶一个台阶往前上的。

所以，有人说中国的传统文化，是不是过时了？人类的具体生活场景在变，但中国先哲领悟的真理具有超越时空的价值。几千年来，无论怎么变化，人类生活面临的问题具有共同性，圣人在那个时代对问题的很多思考，到今天对我们仍有很大启发，并不会过时。

一个人的德行，不能说得过于玄妙。只要把自己的本分做好，承担了该承担的责任，就值得我们尊重。青少年的美好时光，是读书、思考、成长，学真本事的最好时机，不负韶华，好好珍惜，就是真正有智慧的少年。

3 孝敬父母

培养德行的第三个方法，就是孝敬父母。

《大学》讲"为人子，止于孝"。孝敬父母是中国文化的优良传承与美德，一个人如果能够孝敬父母，就会有一颗善良仁慈的心，有了这样的仁心，就能造福更多人。如何孝敬父母，我们可以参考《弟子规》里的内容。下面这八句话，是孝道的精髓，值得我们每个人反思。

"父母呼，应勿缓；父母命，行勿懒。"

父母呼唤我们的时候，应该及时答应一声，不要慢慢吞吞的，让父母着急。父母安排我们做事情时，要抓紧时间去做，不要拖延偷懒，让父母为我们操心。

"父母教，须敬听；父母责，须顺承。"

对于父母的教诲，我们要洗耳恭听，父母是过来人，大都比我们有经验，为了我们好，不会害我们。对于父母的责备，不要顶撞，不要怨恨，要顺从地接受并改正错误，因为他们的出发点，都是为了我们好。不能忤逆他们，让他们伤心。

"冬则温，夏则凊；晨则省，昏则定。"

为人子女，对父母要事事关心、处处留意。在寒冷的冬天，要关心父母是否穿得暖和，住处是否温暖；在炎热的夏天，要去考虑父母是否凉爽。早晨起来，要去问候父母身体是否安好；下午回家以后，要把在外所做的事情告诉父母，向父母报个平安，让老人放心。

"出必告，反必面；居有常，业无变。"

要是有事需要出门，一定要告诉父母要到哪里去，获得父母的批准后，才可以出门；等回家以后，要当面禀告父母回来了，让父母安心。平时饮食起居，要养成良好的规律习惯，不要随意改变；长大以后，最好固定居住在一个地方，不管做什么工作，都要专注、努力，不要半途而废，虚度一生，让父母为我们担忧。

"身有伤，贻亲忧；德有伤，贻亲羞。"
如果我们身体受到损伤，父母就会为我们担忧，所以保护好自己，也是孝顺父母的一种方式。如果我们做了坏事，德行上有所欠缺，就会令父母蒙羞，脸面无光。

"亲有疾，药先尝；昼夜侍，不离床。"
父母在生病时，要尽心尽力照顾，熬了药汤以后，要先尝一下温度是否合适；老人行动不便，身体微弱，甚至卧病在床，白天黑夜都要在父母身边侍奉，不能随意离开。在父母病重时，子女的陪伴尤为重要。

"丧三年，常悲咽；居处变，酒肉绝。"
父母不幸去世，我们感念父母的养育之恩，常常悲伤哭泣。生活起居也因此而改变，不再贪图享受，戒绝一切酒肉、娱乐之事。

"丧尽礼，祭尽诚；事死者，如事生。"

为父母办理丧事时，要合乎风俗和礼仪，不要草率马虎，也不要为了面子而铺张浪费，这才是真孝顺。在祭祀父母的时候，要诚心诚意，而不是流于形式，做给别人看。父母虽然去世了，但对待他们，还要如同生前一样恭敬，还要牢记父母的教诲，不要辜负父母的在天之灵。

父母爱护子女，子女孝顺父母，都是天经地义的事。这样的孝顺并不难，如果父母不喜欢我们，我们还能用心孝顺，就很难得了。一般人认为，父母对子女有付出，子女才有行孝的义务，这和讨价还价有什么区别呢？父母慈爱，子女孝顺，不一定能让家庭富裕，但可以让家庭和谐。孝行可以建立自然和谐的秩序，让我们生活在安宁快乐的环境中。家是我们的堡垒，孝是堡垒的基石。

4

尊敬师长

提升德行的第四个方法，就是要尊敬师长。比如，在学校里，对老师特别尊重客气，对同学很友爱；在家里，特别尊重自己父母的感受，那这个人的德行就好。我举两个尊敬师长的例子。

程门立雪

宋代有位声名显赫的大学问家，名叫程颐，同代人

杨时对他十分仰慕，有拜他为师的想法。一日，杨时来拜师。时值隆冬大雪天，程颐正在房中睡觉，杨时只好在门外恭敬等候。杨时的一只脚冻僵了，冷得发抖，但依然恭敬侍立。过了良久，等到程颐醒来，门外积雪已一尺多深，杨时也成为一个"雪人"。程颐为杨时至诚至真的精神所感动，终于收其为弟子。

后来，杨时学得程门的真谛，东南学者推杨时为"程学正宗"，世称"龟山先生"。此后，"程门立雪"的故事就成为尊师重道的千古美谈。

为学莫重于尊师

然而在现实中,有个别学生不尊重老师,甚至有殴打老师的恶劣行为。尊师是我国的传统美德。教师呕心沥血,无私地传道、授业,用毕生精力接送一批又一批学生,为学生健康成长默默奉献着,被称为"人类灵魂的工程师"。元代关汉卿曾说过:"一日之师,终身为父。"谭嗣同说过:"为学莫重于尊师。"我们作为深受老师教诲的学生,理所当然要热爱和尊敬自己的老师。尊敬老师,应发自内心,见之行动,其中一个重点就是对老师要讲礼节。尊敬师长,应在礼仪上自觉地维护教师威信,体谅老师的感受。

与老师相遇时要有礼节

尊重老师要体现在日常细节里。早上见到老师应主动问候:"老师早!"日常见面应说:"老师好!"离校时应和老师说:"老师再见!"一般和老师打招呼时要停步、立正，眼睛看着老师，待老师还礼后再离开。遇见老师要礼让。与老师在门口相遇，应请老师先进或先出，并主动为老师开门、关门。在校内行走，特别是进出教室、上下楼梯或在其他人多的地方遇到老师，应主动停下并侧身，给老师让道，千万不要和老师抢道，更不应碰撞老师。

无论是遇到教自己的老师，还是不教自己的老师，都要微笑着说："老师好"。遇到两个或两个以上的老师，要说："老师们好"，眼睛要看着对方，声音要洪亮。和家长出行遇到老师时，要一如既往地向老师问好。

对老师的称呼要礼貌

当面称呼老师，可称"老师"或在"老师"前加上姓，使用代词要用"您"。和同学及其他人谈话提及老师，可加上老师的姓；若需和其他同姓的老师相区别，可在"老师"前加上这位老师的姓名。直呼老师姓名被视为不尊重老师的行为，给老师起绰号或其他带侮辱性的称号是特别不礼貌的行为。在给老师的书信、贺卡、请柬等信函中，称呼也要恰当，祈祝语更要讲究。

要尊重老师的劳动

老师的辛苦劳动体现在教学上。学生虚心学习，认真上好每一堂课，取得良好的学习成绩，就是对老师最大的尊重。没有什么比这更能使老师得到安慰和喜悦的。老师的希望都寄托在学生身上，"小树成材，桃李满天下"，是教师辛苦劳动的最大回报。

和老师交谈时有礼貌

学生和老师交谈，应主动请老师坐，若老师不坐，学生应和老师一起站着交谈。和老师交谈时，无论是站着还是坐着，都应该姿势端正，不可抖腿跷脚；应集中精神，双目凝视老师，不可东张西望。有不同看法时，可及时向老师请教、探讨。要虚心接受老师批评，不可当场顶撞老师。

虚心接受老师的教导

无论在思想上、学习上遇到什么问题，都可以向老师主动请教。请求老师指导时态度要诚恳、谦虚，应选择在老师方便的时候，如果需要请教的时间较长，可以和老师预约时间。对待老师的教导，要虚心听取、认真思考。能接受的应立即应允，表示"明白了"；自己的意见和老师的意见有分歧，可以以诚恳的态度提出来和老师讨论。在接受老师批评时，若老师说的与事实有出入，可以心平气和地作出解释，不要抢着申辩或顶撞；在陈述自己意见时不要因激动而用不适当的手势。有些误会若不便解释，要向老师提出"请您再核实一下"的请求，并向老师提供可靠的调查对象。

进入老师办公室要守规矩

进办公室要喊"报告"，听到"请进"后方可进入，不能直闯进去。即使门开着，也应该敲门，喊报告，老师请你进你再进。向老师提问要用"请问",在老师答后或者帮忙后要说声"谢谢"。如果想离开办公室,可以询问老师"我可以走了吗?"得到允许后,向老师说"再见",再转身离开,把门轻轻关上。不随便翻阅老师办公室的东西,不私自打开老师的电脑。办公室里如果还有别的老师在办公,不管是否认识,都应说:"老师们好。"

5

劳动实践

培养德行的第五个方法,就是力所能及地参加劳动实践。至少在放学回家之后,要力所能及地帮家长做点家务。

"公主哪能刷碗、拖地?"

我曾经有一个同事,她有个女儿,偶尔到办公室里来,当时上小学,长得特别可爱,大家经常夸奖她。几

给孩子讲《大学》

劳动使人变美

年以后的一天，这个已经上中学的小姑娘又到办公室里来，办公室里的人又夸她，哎呀，这姑娘真是落落大方，越来越漂亮了。

我那个同事特别智慧，她说："你们谁都不要夸她了。"我们就问怎么了。这个同事说："本来我这个姑娘每天吃完饭以后又是刷碗，又是拖地，这都是教育的成果。结果大家老是夸她，说她是公主，说她漂亮，她就变虚荣了。你想想，哪有刷碗、拖地的公主呀，公主都是仆人抬着供着，穿上美丽的小裙子，涂脂抹粉。"

这个同事还说："大家夸来夸去的结果是，我再让她刷碗、拖地，她就撅着嘴巴不高兴。实话说，她这几年的良好习惯和小时候相比，已经退步了。你们谁都不要再夸她了，要让她做一个有自知之明的人。"

当时我就在旁边，我说："你太了不起了。"因为一般的父母都喜欢别人夸自己的孩子多优秀、多漂亮、多聪明。有些女孩子被人家到处追捧。人家说的话不一定多真实，本来是一些客气话，可是自己当真了，结果导致自己本来有的做家务、体谅父母、踏实生活等优良品质，因为自己的虚荣而没有了。这不是退步了吗？

参加力所能及的劳动，拖地、刷碗等家务能做就做。劳动，不是一定要像农村孩子一样在地里面种棉花、种玉米、种小麦。但参加力所能及的劳动是必要的。如果回到家里面什么都不干，就等着吃饭，那我们的德行有问题。所以孩子，一定要从现在做起，替父母做一点力所能及的事。

6 乐于助人

提升德行的第六个方法，就是力所能及地帮助身边的人。

汶川地震的时候，大家自发捐款，表达爱心。有一个妈妈带着她的小孩，拿着一百元钱，让孩子把钱放到捐助箱里。这种行为非常值得赞赏。其实通过这个行为给孩子在心地里面种下一粒种子，就是"一定要力所能及地去帮助别人"。

帮老师做事

未成年的孩子们尚未工作，没有赚钱，不一定都要去捐钱，但是可以力所能及地帮助身边的人。比如做老师的小帮手，给老师擦黑板，帮老师拿作业、搬文具，给老师去接一杯水（当然要注意不能烫着自己），等等。举手之劳，在帮助老师的过程中体会到别样的快乐。

给同学讲题

遇到同学有不懂的问题，不要藏着掖着，给人家讲一讲，尽量帮助别人。不能这么想："我不能教他，他会了我怎么办？"别这样。自己会了，再给别人讲一遍，自己可以加深印象，学更多的知识，更可以扩大自己的心量。这叫力所能及地帮助身边的人。帮助别人就是帮助自己。

7 立大志向

提升德行的第七个方法,就是一定要立大志,有大的高远的志向,不能浑浑噩噩,不能做行尸走肉。一个有道德的人,一定不是只知吃喝、虚荣和攀比的人,一定不是只知追求金钱和权力的人。明代大儒王阳明说:"人无志,无可成之事。"习近平总书记多次引用这句话。一个有德行、有人格的人,首先应该是有抱负的人,有操守的人,有人生方向的人。

不能颠倒妄想

很多人把金钱和权力当作人生的唯一追求，活得好不好就看两个指标：官当得大不大，钱赚得多不多。对于这种人可以这样形容：在颠倒妄想中迷失人生的正确追求。比如，有的人评了教授职称，有的人只是个副教授，也正因如此，很多职称评不上去的人多少有点自卑，而评上职称的人则带着居高临下的骄傲。其实，一个人真正的贡献和价值跟职称没有关系，跟地位也没关系。当一个民族没有了高远的追求，当人们只是追求名利，一心只关注自己的收入和级别的时候，这样的民族是不会有未来的。权力、级别、职称等外在的东西，不过是为人民服务的工具，而不是人生追求的终极目标。无论权力大小、级别高低，都不忘初心，踏踏实实地为人民服务，这才是一个人的智慧与觉悟。习近平总书记提出："实现中华民族伟大复兴，就是中华民族近代以来最伟大的梦想。"民族要有奋斗的方向，青年也要有高远的理想和信念。

普通医生的价值

医院招聘年轻医生,无论是硕士还是博士,如果他有非常好的人生规划和职业规划,不管能否做院长、科室主任,都不会影响自己救死扶伤的初心,而是从心底里敬畏医生这个职业,能够做到"先发大慈恻隐之心,誓愿普救含灵之苦",把一线工作和给每个病人解决病痛当作一生的追求,那么他的生命价值就在点点滴滴的平凡工作中实现了。相反,如果一个人只是为了混个大城市的户口,为了混一口饭吃,对于领导的教诲油盐不进,工作和生活上没有追求,脑子里没有想法,这样的人就不应该录用。

从裘法祖看真正的医德

裘法祖是中国外科医学的泰斗,在外科学界广受尊重。有一次,他在湖北给当地的农民做检查,一个年近八十的农村老太太,在脱了鞋做检查的过程中落下泪来。

裘法祖问她，是不是检查的时候按疼了。老人说不是。老人说，以前她在当地乡镇医院做检查时，刚脱鞋就被医生训了一顿，嫌她脚太臭。她没想到，这么"大"的专家给自己检查了半个多小时，仍然这么有耐心。

裘法祖对这个老人说，在他眼里没有高低贵贱之分，所有人只有一种身份，就是需要救助的病人。任何一个来到他面前的人，都是需要他发自内心去救助的，对待经济困难的群众就更需要耐心和细致。听到裘法祖的事迹，我内心特别受触动。这才是真正的医德，不忘为人民服务的初心。

教育核心问题之一是立志

"立志"为天下第一等事，也是人生第一等事。所以"教育"的核心问题之一是立志。当孩子的目标确定之后，人生就有了强大的内驱力，其他事就在此基础上步步前行。

有人认为中国人比较内敛，不太好意思谈人生追求。

给孩子讲《大学》

其实并不需要这么想。北宋思想家张载曾说:"为天地立心,为生民立命,为往圣继绝学,为万世开太平。"一个人的理想有什么不好意思谈的?人要有追求、抱负,树立终其一生的奋斗目标应该成为每个人的人生自觉,有了这个目标,人生的航船才有了方向。

我们立了大志,不能夸夸其谈,要落实到刻苦用功上。既立志高远又刻苦用功,争取成为对国家、对人民有益的人,层次和格局就高了。

结语

有德行，走人间正道

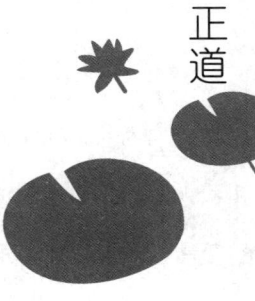

结语

有德行,走人间正道

同学们,如果做到了这七条,你一定是同学中德行和修为上出类拔萃的人,一定会深得同学的拥护、老师的爱护、家长的认同。

德行不能落入空谈。最后的结论是什么?我们有德行,走人间正道。我们常说,一个人真正的聪明,不是一时的先进,而是一辈子走正道。一辈子走正道,走利国利民、遵纪守法的正道,受人尊重,是最大的智慧。

人一生考得好、会做事等,这称之为工具能力。但考得好是为什么？会做事的目的又是什么？考试成绩再好，永远做大写的中国人；会做事，不是为了自私自利，而是为了造福社会，这就体现了驾驭工具的能力。高考分数重要，如何将自己的才能用在利国利民的事业上更加重要。所以我们不仅要有能力，还一定要有德行。有能力的人可以做坏事，也可以做好事。有德行的人，要把能力用在做好事上。把能力用在造福人民上，这叫德行的价值。保护我们平安一生的护身符，不是一时的小聪明，不是位高权重，也不是亿万家财，而是一个人的优良品质。

一定要爱护自己，在乎自己，好好奋斗，危险的事情、贪赃枉法的事情、违背党纪国法的事情、伤害别人伤害自己的事情，统统不要做。从孝敬父母、遵纪守法开始，使自己发展，使自己成长，尽可能有利于他人，报效祖国。这是每一个真正有德行的人该走的路。

第二讲

智慧为人生插上翅膀

引言

做个有智慧的人

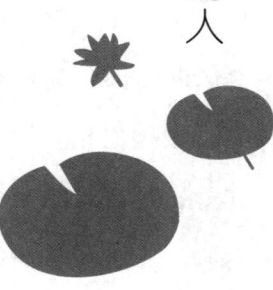

每一个人都希望有智慧，拥有智慧的过程实际上就是斩断烦恼、应对各种挑战把事做好的过程。

中国文化里把智慧比作剑，把遇到的问题和烦恼当作丝，用智慧的剑把丝斩断。文殊菩萨的塑像手中的所持物，右为智慧焰剑，左手莲花之上为般若经。很多佛像也拿着剑。宝剑在世间是杀人的，菩萨手中的剑干什么呢？是代表智慧的，象征文殊菩萨智慧出如利剑，可摧毁愚痴，斩断烦恼。用披荆斩棘的利剑解决各种挑战和问题后，内心会感受到一种喜悦自在。

有智慧的人

在现实生活中我们都想做一个有智慧的人。观察身边的人会发现,有的人做事情很有条理,思路很清晰,遇到复杂的事,经过分析,总是能找到解决方案;遇到烦恼以后,总是能很好地化解。这种人会过得很快乐、很高兴,每天很喜悦、很舒展。在一般人看来很困难的事,到他那里都不是什么难事。他就是有智慧的人。

没智慧的人

另一些没智慧的人,一旦遇到事,内心里千般纠结、万般痛苦,烦恼重重,手忙脚乱、鸡飞狗跳,处理得一地鸡毛,自己难受,别人也难受。生活中很多事情需要有智慧。比如说同学关系能否处理好等,就体现了有没有智慧。老师布置的作业,比如数学、物理、化学等各种题目总是有办法顺利地完成,也是有智慧的表现。

能否处理好各种事情,根本的原因在于有没有智慧。

人人都有大智慧

人人心中都有一颗光亮的明珠,这颗明珠蒙上了污垢,人就变得自私、狭隘、愚蠢了。孔子说:"我欲仁,斯仁至矣。"只要我想把心中这颗明珠擦亮,让它光芒四射,我就能做到。一个人有了智慧,此生做事的时候就会如虎添翼。我们称之为"插上腾飞的翅膀"。

第一章

开启智慧的次第

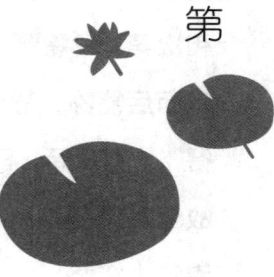

我们都想做一个有智慧的人，人人都有一颗光亮的明珠，都有开发出大智慧的可能。《大学》作为儒家经典，对于开启智慧给出了切实可行的方法和次第，只需要简单地照作执行，"知止而后有定，定而后能静，静而后能安，安而后能虑，虑而后能得""苟日新，日日新，又日新""作新民"，"是故君子无所不用其极"，自然而然就拥有了自己渴望的大智慧。

1 修为递进的层次

我们看《大学》里对开启智慧的描述："知止而后有定，定而后能静，静而后能安，安而后能虑，虑而后能得。"这几句话，讲的就是一个人修为递进的层次。"知止而后有定"，知止，包含了两层含义，一方面是指我们要知道自己的边界；另一方面是指息掉自己的妄念。知道自己的边界，就是知道什么事情不能做，或者做到什么程度要知止，知止之后才能有定。我们一般人最容易犯的毛病就是得陇望蜀、患得患失，这也想要那也想要。很多困苦产生的原因，其实也在这里。

给孩子讲《大学》

《道德经》里面有句话,叫"知止不殆",殆就是死亡的意思。一个人知道什么时候该停下来,就不会走向自我毁灭。禅宗里面讲"戒定慧"三学,有戒才能有定,有定才能生慧。一个没有定力的人,不会有智慧。所以中国历史上那种泰山崩于前、猛虎断于后,面临重大考验而面不改色的人,非常了不起!他们那就是有定,定才能生慧。

"知止而后有定"

"知止而后有定",就是一个人的心里面如果乱糟糟、纷纷扰扰,充满各种杂乱的想法,智慧就会被蒙蔽。智慧就像天上的太阳一样,如果乌云特别多,太阳就给遮住了。或者说智慧就像镜子一样,如果上面布满了灰尘,镜子就被蒙住了。所以"知止而后有定",讲的是当一个人把杂七杂八、纷纷扰扰的杂念排除,内心很安静的时候,智慧就容易涌现。

"定而后能静"

当非常杂乱、四处扰动的念头停下来,能够被控制住的时候，就是定。定后是静，静是什么呢？就是内心里万里无云、朗朗乾坤。这个状态，叫"定而后能静"。

"静而后能安"

静以后是什么？是心安。我们知道，有个词叫心安理得，实际上理就是智慧，就是宇宙的大道。注意，什么是心安？

比如说同学们上课这件事。上课铃声响了，教室里面万籁俱寂，大家内心里一片澄明，这个时候听老师讲课，老师讲的东西基本上都能吸收，就像久旱的禾苗汲取甘霖一样，听得很清楚，也能够很好地去理解。但是如果内心里面想着，今天某个游戏没打完，或者跟哪个同学闹别扭，或者被父母批评了，心里不高兴……如此不安分的、纷纷扰扰的各种想法一个接一个，坏了，老师讲的课无法听下去，尤其是老师讲的关键的地方，某道题的思路，你没听到，没法接收。这是为什么呢？因为你没有静，没有领受的能力。所以"静而后能安"。

"安而后能虑，虑而后能得"

一个人内心里如果是万籁俱寂、明月当空的状态，就会心安,心安以后,理就得,智慧就涌现,所以说"安而后能虑"。当一个人内心里没有乱七八糟、纷纷扰扰的各种杂念之后,再用心去思考一些问题,称之为"虑而后能得"。这个时候思考问题就会有超强的洞察力,看什么问题都清清楚楚。

  所以,"知止而后有定,定而后能静,静而后能安,安而后能虑,虑而后能得",实际讲的就是一个人开启智慧的过程。

2

苟日新，日日新，又日新

《大学》里讲："汤之《盘铭》曰：'苟日新，日日新，又日新。'"

这里讲的是历史上的一个故事。夏商周三朝中，商朝的开国君主叫汤王。商汤建立商朝之后，做了一件事，就是在自己经常用的餐盘等器具上，刻了字，也就是盘铭——"苟日新，日日新，又日新"，以此激励自己，每天都要与时俱进，每天都得反思自己是不是被时代淘汰了，是不是有些东西没有跟上时代和社会的步伐。

新时代需要日新

有同学问,这个"日新"重要吗?太重要了!一个有智慧的人,很重要的一个特点就是日新。如果一个人生活在今天这个时代,思想观念却停留在几百年以前,那他的智慧就会全丢了,被束缚住了,非得挨打不可。

比如近代中国为什么遭遇那么多苦?为什么曾被西方列强蹂躏践踏、丧权辱国?一个很重要的原因就是,当整个世界历史已经进入工业革命了,民主、自由、平等这些观念在政治上已经大行其道,而我们中华民族在清朝的统治下,"万马齐喑究可哀",还停留在传统的帝制那种"君君臣臣、父父子子"的等级森严的制度中,人性完全被禁锢、被束缚。"君君臣臣、父父子子",孔子本来的意思是每一个人都得做好自己的本分,非常有道理,可是在清朝,我们不能够与时俱进,与时偕行,落后挨打就成为必须面对的事实。

后来,伟大的中国共产党,带领我们通过后发优势,改变国运,开启了中华民族伟大复兴的征程。到今天,我们追赶上了历史潮流,提出了"人类命运共同体"等方略、价值观，某种程度上我们的理念已经成为世界潮流的引领者。尽管欧美现在还有很多值得我们学习的地方，但是我们的优势已经显现出来了。这是因为我们一直笃行"苟日新，日日新，又日新"。

同学们，学国学，绝对不是盲目复古，不是故纸堆里摇头晃脑，而是汲取先哲的智慧运用于当下。今天这个伟大的时代需要什么样的国学，我们就学什么样的国学，就是"苟日新，日日新，又日新"。

如果有人把清朝的那一套，和时代严重脱节的并给中华民族带来深重灾难的旧文化拿过来，无视新时代的新问题、新挑战，那样恐怕会成为历史的罪人。所以我讲课的时候要特别注意，一定要和今天这个时代，和国运隆盛相契合，内容一定是我们伟大民族复兴的时代需要的，中华民族国运昌荣需要的。

3

作新民

《尚书》是中国上古历史文件的汇编。"尚"即"上"。《尚书》意即上古之书,相传由孔丘编选而成。《康诰》是《尚书》中的一篇,《康诰》中讲道:"作新民"。意思就是,时代在发展,日新月异,每一个人都要和时代相契合,做时代最需要的新国民。

青少年要有活力

我们中国,现在和美国、英国、法国、德国等世界上任何一个国家比，要在竞争中取得胜利，靠什么？靠的是我们民族内在的活力、创造力，也就是要将民族的智慧极大地开启出来。

如果青少年脑洞大开地将各种创新思维，各种天才的想象，各种前所未有的活力迸发出来，那中华民族将来在整个世界格局里，肯定能有一席之地，成为整个人类文明的引领者。这就是"作新民"。

今天的中国青少年，正经历着历史大变局，是历史的经历者、创造者、给予者；少年就要有少年的样子，勇于创新，善于创造，积极开拓，百折不挠，在助力中华民族伟大复兴的伟业中成就自己。

4

周虽旧邦，其命惟新

《诗经》是中国古代最早的一部诗歌总集，收集了西周初年至春秋中叶（公元前11世纪至前6世纪）的诗歌，共超过三百篇。

《诗经》里有一句话："**周虽旧邦，其命惟新。**"在中国历史上，周朝分为西周和东周，共八百年左右的历史。这句话的意思是，周朝虽然是个古老的国家，但总是能够与时俱进，能够不断地反省自己、超越自己，自我净化、自我革命。商朝也罢，周朝也罢，后来的朝代也罢，几千年前中国人就用这种"维新"的精神开启了伟大的中国文明,并且不断地推进。中国人这种不断进行自我超越的精神,也成为我们现在不断革新的精神源泉。

中华民族具有改革创新精神

"周虽旧邦,其命惟新"这句典故曾经被习近平总书记多次引用,就是要表明,中华民族是具有改革创新精神的民族。所有民族的文化,都有各自的问题。真正的问题在于,一个民族的文化有没有正视问题、自我扬弃、自我净化、自我超越的内在精神、内在机制和内在能力。这种自我革新和自我净化的能力,不仅表现在精神层面,更表现在制度层面的设计是否可以帮助我们避免陷入封闭僵化的危险。

中华民族几千年来绵延不息,其中一个重要原因是中华优秀传统文化的滋养;中华民族的伟大复兴,要依靠中华优秀传统文化的智慧和内在力量。在文化建设上,我们坚守中华文化立场,维护中华民族的精神独立,守护中华民族的精神家园。中华文化是中国人的精神标识，是中国人之所以为中国人的内在原因。我们要在此基础上海纳百川、勇于学习、正视问题，不断自我超越、自我净化、自我升华，从而不断推进中华民族的永续发展，用中华优秀传统文化的智慧为人类文明作出更大贡献。

5

是故君子无所不用其极

《大学》里讲:"是故君子无所不用其极。"这里讲了一个获得智慧的方法。任何一个人,在一个点上狠狠地钻,做到极致以后,智慧就打开了。就跟打井一样,在一个点上一直钻、一直钻,钻到一定深度以后,水就开始奔腾涌现出来了。

袁隆平成功的秘诀

"杂交水稻之父"袁隆平先生,不仅是中国的骄傲,也是世界的骄傲,他的成就给人类带来了福音。袁隆平先生一生都致力于研究杂交水稻,把这件事做到了极致。袁隆平经常被问成功的秘诀是什么。他说,其实谈不上什么秘诀,无非"知识、汗水、灵感、机遇"这八个字。

首先是知识,知识是创新的基础。一个人可以不是博古通今的学问家,但除了要对自己从事的专业很熟悉外,还应掌握一些相关领域的知识,开阔视野。其次是汗水。任何一项科研成果都来自深入细致、脚踏实地地苦干,需要流汗。再次是灵感,关于灵感,袁隆平的体会是,灵感是知识、经验、思索和孜孜追求综合在一起升华的产物,它往往在外来因素刺激下突然产生,迸出火花。灵感在科学研究与艺术创作中,具有几乎同等重要的作用。最后是机遇。袁隆平认为机遇偏爱有准备的头脑,要做个有心人,还要有专业知识储备,这样才能慧眼识珠。否则"即使身在宝山,也不见得能够识得出"。

袁隆平先生就是凭着这种精神,研究突破了杂交水稻的原始产量低、种植困难的难题。吃饭的事,粮食的事,对整个人类都是天大的事。袁先生的贡献值得全世界的尊重。

钱学森的一心一意

说起对新中国影响最大的科学家,那钱学森一定名列前茅。这位世界知名的物理学家为我国的"两弹一星"事业作出了杰出的贡献,在世界物理学史上也留下了不可磨灭的光辉成就,他的理论至今对我国的科技发展发挥着指导作用。

钱学森把他一生的精力集中于科研事业,在 28 岁时,他就成了世界著名的空气动力学家。回到祖国后,在他的努力下,中国的导弹、原子弹的发射计划推进了至少20年，因此，他又有"中国导弹之父"的美誉。当然，他在其他领域也很突出，如航天、物理力学、工程等方面，也对中国作出了巨大贡献。因此钱学森也是中国"最牛"的科学家之一。他是把一件事做到极致的典型，值得我们学习。

读书读到极致

凡事"无所不用其极"，一个人在一个点上做到极致，源头活水就打开了。读书也一样。比如中国古代，很多人一门深入，有人专门读《论语》，有人一心读《金刚经》，有人专门读《六祖坛经》，有人一心读《道德经》。这些都是好书，大浪淘沙的人文精品，研究到极致，智慧就容易打开了。

我本人在学习过程中也有这种体会，我读中国哲学领域的某一本书，一门深入地读，在一个点上钻研，钻到一定程度"泉水"出来，这个时候再看别的书，内心里面就有豁然贯通的感觉。

所以对怎样开智慧,《大学》这本书告诉了我们很多方法。希望看完书以后,每一个年轻人都能认真钻研并得到真正的提升,和原来明显不一样,看问题、思考问题明显地周全、明显地深刻、明显地大有进步。

第二章
拥有智慧的表现

人人都有一颗光亮的明珠，都有开发出大智慧的可能，但事实上我们日常生活中经常看到聪明的人，却少看到有智慧的人。一个人能否真正地拥有智慧，需要从多个方面来观察。这里我讲几个拥有智慧的表现，供大家一一对照。

1

内在：心明眼亮、洞若观火

拥有智慧的表现，第一个标准就是从内在的角度来看，是否有内在的洞察、觉悟能力。

读书做学问的智慧

比如说，有的人天生有很强的洞察和觉悟能力，有些东西他一看就懂，比如说看《道德经》《六祖坛经》《易经》甚至佛经都没问题。而另一些人就像看天书一样。

有的人看数学、物理、化学，也像看天书一样，给他一道题，他不知道怎么下手。但是有的人一看，马上就知道怎么解答，一看书就知道里面讲的什么。同学们，你知道吗？这是因为他们内在的洞察和觉悟能力有差别。

待人接物的智慧

再比如说，有的人听别人讲话，对方话里话外想表达的东西，他能理解得清清楚楚，这叫洞察力。有的人听别人讲话，别说对方背后的意思听不懂，就连人家明面上的意思也听不懂，就说明他的洞察能力和觉悟能力弱一些。我们从一个人的内在来考察他有没有智慧，就是看他内在的洞察力、觉悟能力强不强。

内在的洞察力、觉悟能力强的话，随之而来的就是一个人内在的喜悦和自在。一个有智慧的人会活得比较舒展。相反，一个没有智慧的人会活得纠结痛苦、烦恼重重，走着路都能撞电线杆上。为什么？他不知道在想啥呢。所以内在的洞察力、觉悟能力建立起来了，看什么东西一看就懂，灵灵觉觉，内心喜悦、自在、舒展。这是一个标准，希望每个同学都有这样一种状态。

2

外在：镇定自若、处之泰然

拥有智慧的第二个标准是外在的表现，就是遇到任何问题、面临任何挑战的时候，都能把实际情况了解清楚，总是能采取恰当的行动，找到解决问题的办法。也就是说，任何外来的难题、挑战、纠结来到面前，都淡定自若，总是能够处理好。

学习上有无智慧

如实地说,我上初中的时候,学习很一般,有很多老师讲课我听不懂。初三马上中考了,我们数学老师特别敬业,在黑板上分析了好多题目,我当时超过百分之九十都听不懂。只是看着老师拿着粉笔,在黑板上一步一步推导。下边有的同学跟着老师呼应,我也跟着"嗯啊嗯啊",实际上根本没听懂。

后来虽然考上高中,但当时数学总分120分,我只考25分。可想而知成绩多么差。原因何在?听不懂。但是到后来,高中毕业高考的时候,我数学是117分。这个分数是我们整个年级文科班第一名。

考上高中之后我是什么状态呢?智慧大开。这个感觉就不一样了。比如老师在讲数学题的时候,很多人托着腮、瞪着眼,不知道老师说什么,但在我的内心里面清清楚楚。老师讲一个几何题目,会把一个图形放在黑板上。有时候老师还没有开讲,他一画这个图形,我内心里面就已经知道这个问题到底该怎么解决了。所以我自己的体会就是,一个人有了智慧以后,他遇到任何难题，内心里面总是有办法，能够找到一个解决问题的恰当途径。

生活中是否有智慧

生活上有没有智慧，表现也很不一样。比如说很多十多岁的孩子正值青春期，自己开始有点想法了，跟父母关系处理不好，搞得一团糟。父母也难受，他也难受。同学们，我说出来请不要介意，这是没智慧的表现。因为智慧很弱，所以这个问题处理不好。如果你有自己的想法，而且跟父母总是能很好地沟通，能够让父母很高兴，说明你有智慧，能够把这样一个困扰大家的普遍性的问题处理好。

比如说在学校里，同学关系怎么处理？和老师的关系怎么处理？假如能让父母很欣慰，心情愉快，家庭关系其乐融融；同学关系能像亲人一样，有一个非常好的人际圈子；老师也非常喜欢你，师生关系融洽和谐，那就是你智慧外在的表现。

内在的角度和外在的表现结合起来，结论是：一个有智慧的人，内在能化解烦恼，有发自内心的喜悦、自在、平静、祥和和舒展；外在遇到任何难题，总是有办法解决，总能处理得很得体。我们每个人都应争取朝着这个方向前进。

第三章 擁有智慧的方法

我们如何才能拥有智慧？注意了，我会给大家讲七个行之有效的方法，希望大家一定要有所领会。哪怕能领会其中的一两条，看问题的角度也会和以前有所不一样。

1

定能生慧

第一个方法是定能生慧。同学们,一个人在内心剧烈波动的时候,比如极大的狂喜、愤怒、躁动的时候,千万要注意提醒自己,此时不要做决策。因为此时做出的决策,极大可能是愚蠢的。有的小孩跟家里人吵,跟父母吵。用吵架来沟通是没有智慧的表现。吵架后,小孩非常生气,情绪处于激烈波动中,会容易失去理智,做出极傻的事——离家出走或其他极端的行为。甚至有的小孩因为极度难过、伤心、气愤,可能开始干傻事、蠢事,甚至违法乱纪的事。

所以一定要记住定能生慧这个办法。希望年轻人有时间多练一些定力，让内心里波平如镜，看什么问题都清清楚楚。

杯子里的水

定能生慧，一个杯子里的水如果不动了，我们称之为定了。把这个杯子放到院子里，如果杯子里的水不晃动，天上的星星、月亮、蓝天、白云，杯子里能不能看到？能看到。只要水面不动，天上有什么水里就能看到什么。如果水晃动了，再往里看，星星、月亮、蓝天、白云也看不到了。

同学们，开启智慧的一个方法就是定。你的心就是这一杯水，不要动。如果内心特别躁动，情绪像狂风暴雨一样，剧烈波动，就好比水不停地晃动，说明你毫无智慧了。

上当受骗的原因

小学生可能还不明显,大一点的同学,情绪在剧烈波动,比如特别愤怒、生气、激动的时候,说错话、办错事,伤害别人、伤害自己的概率非常高。不信你回忆一下,是否曾经有某件事让你特别后悔、特别自责?想一想这种言行是在什么情况下作出的?基本上可以确定是在你内心剧烈波动,比如特别愤怒、特别生气,包括特别喜悦的时候作出的。

很多骗子骗人,就是在你特别喜悦的时候,比如告知你中奖了,引你上钩,上当受骗;或是吓你一下,说你家里哪个人得病了,让你在惊慌失措的时候上当受骗。为什么呢?因为你的情绪在剧烈波动的时候,智商迅速下降。

知止生慧

第二个方法是知止生慧。有几个边界大家一定要清楚,超出边界的事情不要做。

能力的边界

第一个是能力的边界。一个人一定要知道自己的特长和专业,如果超出了力所能及的范围,办错事说傻话的可能性非常大。所以,佛家特别强调"戒、定、慧"。

什么是戒？不该做的不要做，心智就能稳下来。有戒就有定，有定必然生慧，这和《大学》里的意思是一致的。

做老师 vs 做官

我举个例子，拿我自己来说，我是一个很普通的老师。网上有人问："郭老师，你为何不去做官，你为何不做行政、做管理啊？"同学们，他们这么说，实际上是因为不知道我能力的边界就是做一个普通的老师。我能做个普通的老师，已经不容易了。你让我做管理，处理各种复杂的人际关系，我没有那个能力。假如我做了我没有能力做的事，结果是什么？是把事情办砸，把自己也陷进去，害人害己。这个结果是百分之百的。

危险的出行

有一则新闻，说几个人定好时间到西藏某处去参拜。但天气预报说，那几天有大风雪，建议大家千万不要去。我们每一个人在天地、宇宙之间，在大自然的面前真的是很渺小的。夏天电闪雷鸣、阴云密布的时候，站在田野之上，任谁内心都紧张。有人说，电闪雷鸣的时候，躲在家里不就行了吗？这就对了。不是特别重要的事情，就不要出去了。结果是这几个人不听，非要开着车去，一下子死了两个，伤了三个。

这非常可惜，这是不应该发生的事情，为什么呢？因为天气预报已经告诉你天气不好，当地的政府也一再劝告你不要去，请问你心里没一点数吗？在大自然面前，狂风暴雪，零下二三十摄氏度甚至三四十摄氏度这样的严寒天气面前，你这一百多斤的肉体有多大的抵抗力呢？所以你的智慧丢了，你做了不应该做也不能做的事情。悲剧不就因此发生了吗？而且很多人去救你，很多公安部门、应急救援队的同志都参与救援，人家也提心吊胆，你说何必呢？如果你真的是为人民服务，为保家卫国去打仗，而陷入危机失去生命了，那也是烈士，会受到国家和人民的尊重。但是仅仅因为你自己藐视大自然，不听劝告，导致这个结果，其实是很可惜的。

所以我们说知止生慧，就是知道这一辈子自己的能力的边界，哪些是能干的，哪些是干不了的。如果强行去干干不了的事情，栽跟头的可能性几乎是百分之百。

认知的边界

第二个是认知的边界,什么叫认知的边界呢?孔子曰:"知之为知之,不知为不知,是知也。"有的人的行为为什么让人家觉得很可笑?因为他没有智慧,自己不懂,还要在大家面前彰显自己多聪明、多智慧,说很多幼稚浅薄、不着调的话。这是多么丢人现眼的一件事情。

聊天的学问

我跟别人聊天,就坚持一个原则,假如这个问题我不懂,我就对人家实话实说。不懂就是不懂,不知道就是不知道。不知道就听别人讲,或者就发问:"对不起,我在这一方面很外行,我要向在座的专家,特别精通此道的同仁请教。"这样一表态,哪怕提的问题幼稚一点,别人也不会嘲笑你。为什么?因为我们不懂而向别人请教,这不丢人。可是如果你不懂装懂,对超过了认知边界的问题张口就来,什么都发表议论,来显露自己的聪明,那就是愚蠢。

所以认知的边界要知止，不说超过边界的蠢话，不办超过边界的傻事。

德行的边界

第三个是德行的边界。我们的德行没那么高，抵制诱惑的能力没那么大，可是，我们是老百姓，诚实劳动、合法经营，赚的钱干净。靠自己辛苦劳动得的钱，无论赚多少都是光荣的。为什么？因为行为总是在德行的边界之内。如果超过了德行的边界，当面临诱惑和考验的时候，你根本顶不住。这个时候，栽大跟头，犯颠覆性错误，甚至遭牢狱之灾的可能性就极大了。

公务员的德行

假如一个人经受不了诱惑，而且位高权重，那非出事不可。我身边有这样的人，他想当官却不是很顺利，没有当上，他自己很难过。我就告诉他，其实从长远来看，没有当上这个官不见得是坏事。为什么？你不

给孩子讲《大学》

当官,没有权力,就没人给你送礼,跟你进行权钱交易,也没人用美色来诱惑你。可是你如果真有权力了,扪心自问,当别人用大把的金钱、成群的美色来诱惑你的时候,你能承受得住吗?如果你承受不住,你表面上当上什么科长、处长、局长,其实是在为家破人亡、身陷牢狱之灾做准备。

身份的边界

第四个是身份的边界。同学们,什么场合该你表现、什么场合不该你表现;不同场合你的身份是什么,说话都要符合自己的身份得体适度,这就是智慧。比如春节的时候亲朋好友聚在一起,待人接物的时候,有的人说话很得体,有的人就做不到。

宋仁宗的小宫女

北宋时期有一个皇帝叫宋仁宗。宋仁宗讲仁义道德,整体上是比较令人称道的好皇帝。后宫里有个很受宠的宫女，每天都给宋仁宗梳头。在梳头的时候，仁宗不经意间提到手里一件奏折的事。什么奏折呢？这个深得宠爱的小宫女就问仁宗。宋仁宗手里拿的是御史写的奏折。御史是监督官场、给皇帝谏言、给整个官场提意见的官员。

同学们，一个宫女去问皇帝关系国家的大事，不是很合适。但是这个宫女仗着皇帝的宠爱，就问了。仁宗倒也挺好，就告诉她，近一个月的时间，开封周边一直阴雨绵绵，没有阳光，影响庄稼收成。中国作为一个农业国，如果农业的收成出了问题，国家稳定就会受到重大威胁。所以御史就写奏折给仁宗，说阴雨绵绵，恐怕是因为这个国家的阴气太重了，就是皇帝养的宫女太多了。这个解释对不对，暂且不管它。

这个小宫女仗着自己受宠，就说："这御史真是乱说！谁家不养几个女人啊？达官贵人家里谁家没有丫鬟啊？谁家不是三妻四妾呀？"

一个梳头的小宫女，竟然在仁宗皇帝面前如此点评御史这样的国之大员，就是不清楚自己的身份了。

这个时候仁宗皇帝实际上还没有准备处置这个小宫

女。她又问了一个问题:"难道您真想按照奏折来办吗?"仁宗说,御史大夫上的奏折,当然要重视了。这个梳头的宫女,此时开始僭越自己的身份,得寸进尺。她说:"御史说的话岂能去听啊?如果您非得按照御史说的做的话,那干脆把我们这些宫女开除了得了。"

看到没有?这个小宫女进一步僭越,有点张狂,有点无所顾忌。仁宗就生气了,下令把她驱逐出宫,把她

的宫籍，相当于今天的北京市户口取消。

皇帝怎么看待奏折，这是一国之君的事情，轮得到一个宫女说话吗？这个宫女错就错在，梳头的就好好地梳头，把本职工作做好。要想提一点对国家、对人民有利的建议，找个合适的场合也行，结果仗着仁宗皇帝对她的宠爱，有恃无恐僭越身份，导致仁宗忍无可忍。仁宗皇帝还是有仁爱、慈悲之心的，毕竟没有杀她。

尽自己的本分

同学们，我们一定要守好身份的边界。比如说我自己的身份，我是个中国人，永远爱我们的国家；我是个党员，忠于我们中国共产党，希望我们的党兴旺发达，更好地承担民族复兴的责任；我是个中国的知识分子，要传承文脉、重塑国魂，为中国文化的传播贡献力量。我在家里，在父母面前是孩子，要对父母尽孝；我是家长，我要对孩子的成长负责；我是丈夫，要去工作赚钱、养家糊口，对家庭尽责。

大家听明白了吗？你要清楚你的身份是什么，你要做符合自己身份的事。如果僭越了自己的身份，说话办事就容易被他人嘲笑。

3

制心一处

第三个方法是制心一处。当你一心一意、全神贯注地做一件事，此时此刻，你与所做的事完全融为一体，与环境融为一体，人即事，事即人，你完全感觉不到累，只有满心的欢喜，因为你把潜在的自我完全释放出来了。

凸透镜的原理

同学们，你们见过凸透镜吗？凸透镜中间厚、四周薄。把它放在阳光下面,阳光会聚集成一个点,把火柴往那个点上一放,着了。为什么?因为大片的阳光聚集成一个点,能量特别大。我们每个人的心就是一片阳光。当我们把心用在一个地方,就像凸透镜一样,产生的能量特别大。所以一个人做一件事的时候,就应该专注当下,把心用到极致。

有人说:"我想玩",作业做完了就尽情玩吧,只要注意安全,别伤害自己。玩得痛痛快快、酣畅淋漓,然后,学就学个踏实。什么意思呢?制心一处。如果患得患失、优柔寡断、三心二意,做不好任何事。

听课的四十分钟

比如说,一节课这四十分钟,你听课的状态怎么样?假如你的心像凸透镜一样用在听课上,如饥似渴地接收老师讲的东西。祝贺你,你会突飞猛进!

但是如果只是爸爸妈妈让你学,你不得不学,你表面上听着课,心却非常散漫,只想跟同学去玩儿,就想打游戏,那你这四十分钟可学不了什么东西。有的孩子年龄大一点,甚至还谈恋爱了,心里还想着那个男孩、那个女孩,坐卧不安,内心躁动,还怎么听课?要制心一处!

4

明理识途

第四个方法是，一定要有正确的价值观和立场。一辈子总是做正确的事情，这是智慧。这一辈子我们作为一个中国人，要为人民奋斗，为国家奋斗，就是我们正确的价值观和立场。将来几十年，甚至几百年之后，谁有成就，谁在中国历史上永远留下自己的名字，被我们这个国家所缅怀、所纪念，这就是正确的价值观。只有那些确立了正确的价值观，为国家去奋斗，为人民去奋斗，有正确立场的人，才会永远被人民、被历史所铭记。

以强大祖国为依托

比如说运动员谷爱凌,她在美国出生,国籍选择了中国,这是她的立场。她没有选择美国国籍,这是一个非常大的智慧。因为一个人的能力是否强,很重要;背后是哪个国家托举你,更重要。现在全世界最有活力的是中华民族,最生机勃勃的是中国。你个人有能力,又选择了正确的立场,有国运托举你,你才有成就。

有一年,在美国的几位中国留学生,春节的时候不回来,就通过视频跟父母聊天。他们身边就有一个叙利亚留学生,看到中国孩子和家人之间,节日期间亲情通话带来的温馨、喜悦,他心里就很伤感,他就对中国学生说:"你们有一个强大的祖国,选择在中国读书也成,到外国留学也成;在这么一个节日,你们家里其乐融融。而我的家在何处啊?战火、血腥、难民、流离、失所、饥饿……"

我们很多人,特别是年轻人不知道爱自己的国家,是因为没有比较,不知道自己身为中国人的珍贵。同学们想过没有,我们每天有吃有喝,除了父母的努力之外,是我们伟大的祖国的国运、国家的强大，提供了这个环境。如果现在是抗日战争时期，战火纷飞、炮声隆隆，老百姓生灵涂炭，还参加什么冬令营，喝什么牛奶，吃什么面包、面条、饺子、炒菜，什么都没有，活着都不容易。

公务员的价值观

一定要有正确的立场和价值观。比如说有些人考公务员，为的是什么？考公务员就是当官嘛。为什么当官？如果你说："我要给老百姓办事，要利用人民赋予的权力，扎扎实实为人民做好事、做实事。"这就是正确的价值观。你这一辈子才能受人尊重，平平安安。这就是你的智慧。

反过来有人说了："我当官就是要发财，要耀武扬威。"这种就是错误的价值观。一旦你真掌握了权力，有人拿着钱跟你做交易的时候，家破人亡那个结局几乎是定了的。

5

物有本末

第五个拥有智慧的方法是,一定要认识规律,按规律办事。规律在中国古代叫"道",在今天叫"真理"。认识了规律,认识了道,还不够,还要按规律,按照道和真理去办事。我们说一个人有智慧,就是他能够认识真理,然后按照规律、按照真理去办事。

《大学》里面讲:"物有本末,事有终始。知所先后,则近道矣。""物有本末",其实就是规律,有本有末,有因有果。"事有终始",也是有规律,做事有始有终,有先有后。"知所先后,则近道矣",掌握了规律以后,才能真正地悟道、证道，才是一个有智慧的人。

数学有规律

我中考数学 25 分，数学这么差，怎样考大学？上高中的时候为此我曾经问过一个老师。他说你一定要好好地看例题。我开始没理解，我说例题有什么好看的？这个老师告诉我，书本上的例题看起来很简单，其实讲的是规律，告诉你这个公式怎么用。老师的话对我启发很大，学会了例题，那所有类似的题目，解决方法都是一样的。这叫规律。

后来我就非常认真地把初中数学重新复习了一遍，然后再学高中数学公式，每个公式能够解决哪一类的问题，我都总结规律。那种四四方方的大本本，我用了好多个。后来其中一个本本丢了，我还很难过，为什么？因为那个本本清晰地记录了每一个公式是怎么推导出来的。

了解一个公式是怎么样解决某一类问题的，把规律摸清后，考试的时候，试卷发下来，一看马上就知道用哪一个公式来解决，这叫轻车熟路。为什么数学成绩一下提高了？因为按照认知的真理规律办事了。

英语有规律

我刚上初中的时候，英语卷子发下来，选择题基本上靠蒙。所以一看到选择题我就高兴，至少可以蒙了，100 分的题，基本上能蒙对二三十分。高中第一次英语摸底考试，总分 120 分的英语试卷，我考了 41 分；一个半月以后，我考了 108 分。你知道为什么吗？因为我看了一本语法书，找到了英语学习的规律。

那本英语语法书，让我眼睛一下子亮了。我知道了英语句子背后内在的逻辑。比如说动词后面必须跟名词，什么叫定语从句，有几种形式，什么叫状语从句，每个句型是怎么用的，怎么分析的。比如做阅读理解的时候分析一篇文章的句子结构，选择题考的是哪个知识点，四个选项哪个地方在迷惑我,哪个是正确的选择,我都一目了然了。那本书让我知道,从初中三年到高中,原来自己一直都不知道英语怎么学。

历史有规律

历史是有规律的。有的学生说,学历史不就是一个年代接着一个年代吗?只是年代好难记,记不住。甚至有的人读了研究生了,还告诉我,自己讨厌历史,因为要背那么多年代。历史不是一个年代接着一个年代那么简单,学历史有方法、有规律,当你把这个方法和规律掌握了,历史不可能学不好。

什么方法?做任何事有因就有果,反过来讲,有果也必有因。以近代史为例:开始就学习"鸦片战争",背"虎门销烟"。1840年"鸦片战争"开始,1842年失败,签订《南京条约》,割让香港岛,几个城市开放通商口岸。背这些东西累得不行。其实这背后是有逻辑的。什么逻辑？"鸦片战争"挨打了，这是果，为什么挨打呢？清政府采用了两个非常糟糕的国策，一个叫闭关锁国，一个叫文字狱，把我们民族喜欢向别人学习的品质丢失了。最后的结果是西方发动工业革命的时候，我们却把机会给错过了。

两次鸦片战争失败以后，又开始引出新的结果了。当时中国就像一块骨头，当一只狗吃到了骨头，尝到了香味，引来了一只又一只的狗，甚至有的是组团来的。组团来的就叫联军，一波接着一波地来侮辱我们。当那么多人欺负我们的时候，中国人怎么想？一定要自强。鸦片战争失败导致两个结果，第一个结果是列强轮番欺负我们，第二个结果是哪里有压迫，哪里就有反抗。所以才有了太平天国、洋务运动、戊戌变法、辛亥革命，一波接着一波的人不断地探索中国怎么才能站起来。这就是中国近代史。

我原来讲历史的时候，不带教材，一环紧扣一环地讲。举个例子，毛主席的历史，中国共产党的历史，也是考试重点。毛主席在井冈山起步，他了解中国，可是后来被打压，在第四次反"围剿"的时候，职务被解除了。

当时的很多留学归来的人认为毛泽东的理论不行，改用德国、苏联那一套来指导中国的革命，结果第五次反"围剿"彻底失败了。因为背离了毛泽东的理论，遭遇到这么大的失败，下一步就应该找一个机会，请毛主席出来了，这就是1935年1月的遵义会议。所以历史的学习一定要注意前因后果。

我再给大家举个例子，隋朝的亡国之君隋炀帝，不爱惜老百姓，结果亡国了。唐朝建立后，皇帝李世民懂得"水能载舟，亦能覆舟"，所以吸取隋朝灭亡的教训，下大力气整顿吏治，清风正气，爱护百姓，发展经济，开创了贞观之治。

你看历史的学习多有意思。它有方法、有规律，有前因、有后果。从尧舜禹开始看，整个中国历史一波接着一波，一个因一个果，一个果一个因，一直到今天。把历史的逻辑看清楚了，再考试的时候给你一个材料，你一看就知道这个材料反映的是什么。

学历史、学化学、学物理，任何一个学科都有规律，按照规律去学，按照规律去办事。只要掌握了规律，轻车熟路，成绩进步一日千里。所以我建议同学们，做任何事情的时候，一定要掌握规律，万事万物背后都有规律，我们一定要按规律办事。

人类社会发展有规律

为什么马克思那么伟大呢？他是人类历史上几百年、上千年才出一个的伟大思想家。马克思的伟大之处就在于他揭示了人类社会发展的规律。人活着首先要解决吃饭问题，吃饭靠什么解决？生产力。比如我们种田、种地、开矿、盖房子。人类在发展生产力的过程中，必须结成人与人之间的关系，叫生产关系。生产力和生产关系合在一起，叫生产方式。在生产方式之上是什么？是文化、艺术、宗教等上层建筑。经济技术发展了，上层建筑就跟着变化，上层建筑变化了也影响经济基础，经济基础、上层建筑互动，推动人类社会的发展。

上述规律，仿佛几句话就说清楚了，可是在人类历史上，马克思能够得出这一结论是划时代的重大发现。

同学们，一个真正有智慧的人，在遇到任何事情的时候，一定是认识规律，发现真理，并按照真理和规律办事。这叫赢得主动，顺风顺水。

中国文化和西方哲学各有规律

学中国文化也要找规律。中国文化五千多年，就好比一座大楼，无论这座楼有多少层，都不必管它。你可以一边去欣赏，去体会它的壮美，一边去找电梯。找到了电梯就是找到了门路，任何一层楼都可以停，可以去欣赏了。同学们，电梯就是规律。你再读《道德经》《论语》《孟子》《庄子》，乃至读佛经，你都会读了。我读西方哲学，刚开始也没找到规律，读起来很累。康德的《纯粹理性批判》《实践理性批判》《判断力批判》等等，太难了！胡塞尔的现象学中的"现象还原""现象本质""现象建构"难了。可是真正掌握规律以后，再一看，"不畏浮云遮望眼，只缘身在最高层"。

所以同学们，一定要认识规律、认识真理，并按照规律、按照真理去自觉地办事，今后做人做事的时候，智慧会得到极大的提升。

6

与时偕行

第六个拥有智慧的方法是，与时偕行、与时俱进。一个人如果没有与时俱进的能力，必将被时代淘汰，不会拥有智慧。"与时偕行"是《易经》里的话。时代在变革，我们的智慧要永远跟上时代。

袁世凯的皇帝梦

近代历史上，有一个人叫袁世凯。袁世凯有小聪明，但在帝制变成民主共和制，民主共和成为时代潮流的时候，他还非得去当皇帝，这就是不懂得"与时偕行"的表现。结果就是，袁世凯因为当皇帝，栽了大跟头，在历史上留下了一个极大的污点。

今天很多人讲国学，是把清朝的那一套又搬到现代来。这不是弘扬国学，这是民族和中华文化的罪人。因为中国的历史早已把清朝远远地超越了。中国历史五千多年最落后、最愚昧的时期，被人打得嘴歪眼斜，民族自信心丧失，就是近代中国清朝时期。所以讲国学的人一定要懂得"与时偕行"。

今天中华民族的伟大复兴需要什么？需要我们的中国少年、中国青年活力、激情四射，创造力迸发，智慧迸发，有天才的想象力、创造力。只有这样我们的国运才能兴旺。国家在蒸蒸日上，同学们身上不能有多的束缚。所以请同学们一定与时偕行，落实在当下，"日日新，又日新"。我们要吸取近代史的教训，不仅不要被历史潮流所抛下，还要走到历史潮流的最前端，做时代的弄潮儿和时代大潮的引领者，这才是中华气象。

7 审思明辨

第七个拥有智慧的方法是，掌握科学辩证的思维方式。举个例子，比如说让你谈谈对美国的看法，对日本的看法，对环境保护的看法。你谈得非常全面，头头是道，有逻辑、有思想、很深刻，那说明你有智慧；头上一句，脚上一句，毫无逻辑又浅薄，那说明你没有智慧。

全面地看问题

第一，看问题一定要全面。既看到优点，也看到缺点，既看到长处，也看到短处，这样得出的结论才可靠。

传统文化的辉煌和问题

假如问你，怎么看待传统文化？五千多年以来，中国的文化有无数的辉煌时期，那有没有出现一些问题呢？有。近代中国落后挨打就是我们的问题。所以你谈传统文化的时候，要把五千多年以来中华文化智慧的精髓很好地传承下来，同时对这个文化肌体上存在的问题，要勇敢地剥离、清理掉。既看到我们这个文化生机勃勃、伟大的地方，也看到有需要反思的地方。这就是全面地看问题。

中国和欧美

前几年，有些人吹毛求疵，说我们中国有这个问题那个问题。我就批评他们，哪个国家没有问题？你们眼睛只盯着问题，没有看到我们伟大的中华人民共和国的辉煌壮观、前程伟大。只看到问题，从方法上讲是错的，从价值观上是错的。那能不能看问题？当然能了，我们看问题是为了更好地解决问题，让国家更强大。

社会上有些人崇拜欧美，总说美国多好多好，我认为这样没有智慧，很幼稚。美国的问题非常多，当然，美国能不能解决自己的问题，那是美国人自己的事情。但是我们不能盲目崇拜美国，它的优点我们可以学习，但是我们永远要站稳自己的立场。我们是中国人，学习美国，学习欧洲，学习印度，学习日本，学习哪个国家都行，学完之后，要为我们的伟大祖国和人民服务，这一点笃定不疑。

中医和西医

有人说中医有这种问题那种问题，这是有失偏颇的。中医有自己的问题，可是中医三四千年以来一直守护着我们这个民族，中国历史上一次次的瘟疫和疾病都是中医保驾护航、安然度过的。我自己小时候神经衰弱，就是中医治好的，西医没有办法治。当然有的病是西医有办法，中医没有很好的办法。什么意思？我们要全面地

第二讲 智慧为人生插上翅膀

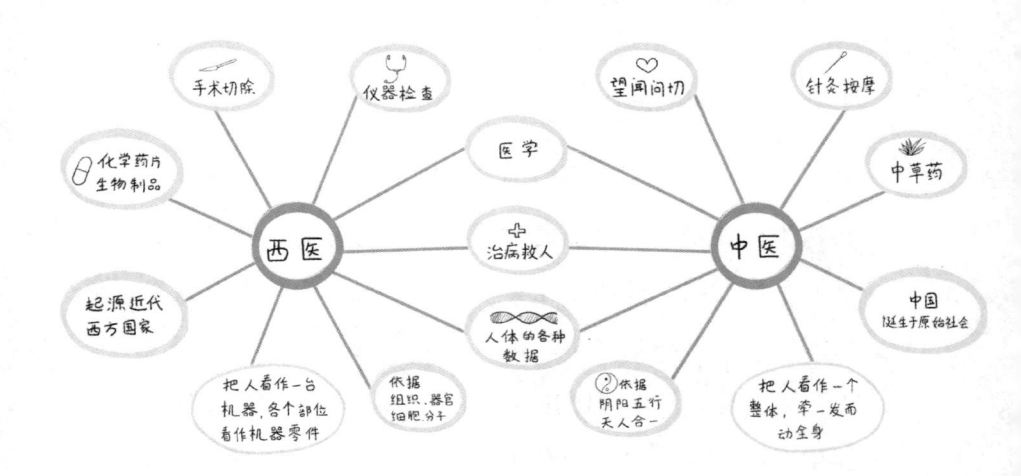

西医
- 手术切除
- 仪器检查
- 医学
- 化学药片 生物制品
- 治病救人
- 起源近代 西方国家
- 人体的各种数据
- 把人看作一台机器，各个部位看作机器零件
- 依据组织、器官、细胞、分子

中医
- 望闻问切
- 针灸按摩
- 中草药
- 中国 诞生于原始社会
- 依据阴阳五行天人合一
- 把人看作一个整体，牵一发而动全身

看待中医和西医。中医有问题，我们就努力去解决；中医有优点，我们就努力去肯定、继承。对西医也是一样的，不能盲目地崇拜。

用发展的眼光看问题

第二，用发展的、历史的眼光看问题。什么叫用发展的、历史的眼光看问题?

环境污染问题

前几年,有人说中国的环境问题严重,需要解决。我认为,这是一个必经的过程。伦敦是雾都,两三百年工业革命时间,造成了伦敦的污染。现在去伦敦,蓝天白云。历史发展过程中,伦敦把原来的污染问题给解决了。德国的鲁尔工业区,也是世界最重要的工业区之一,那里曾经污染严重,现在也是蓝天白云了。这两个地方经过了几百年的发展,已经度过了那个污染的阶段。

中国也是一样。在工业化的发展过程中,有大的烟囱、有污染,1978年以来,改革开放加速发展,污染问题是难以避免的。我们用发展的眼光来看,在历史长河中,会发现所谓的污染比较严重,那只是一个阶段。随着国家发展得越来越好,很多问题会逐渐地解决。当然,绝不是在发展的过程中任由环境被肆意地破坏。

孩子叛逆问题

有很多家长告诉我,孩子逆反,使他们特别难受。

我告诉他，别那么难受，这只是一个阶段。孩子十四五岁、十七八岁逆反，很正常。这几年过去了就好了。一个人到了四五十岁、六七十岁，还会逆反吗？不会的。早就过了那个阶段了。所以我想告诉同学们，遇到问题，不要那么着急、焦虑，问题是在发展中出现的，也需要在发展的过程中，通过我们共同的努力去解决。我们用发展的眼光、历史的眼光去看的时候，很多问题都将迎刃而解。

用矛盾的眼光看问题

第三，要学会用矛盾的眼光去看问题。有人说了，我这一辈子怎么遇到那么多难事？谁没有难事？有的小孩说，我们家经济条件不好。其实，有钱人有有钱人的烦恼，贫苦人有贫苦人的痛苦。

任何一个人和国家都有缺点和问题

有人看到中国的问题就发牢骚。其实美国、欧洲的问题一点都不比我们少,甚至比我们还多。任何一个国家都有各种各样的缺点和问题。同样,任何一个人都有各种各样的缺点和问题。有些讲中国文化的人,喜欢把自己"打扮"成圣人,这是不对的。人吃五谷杂粮,都要吃喝拉撒,都有缺点,这是常态。我们生活在地球上,哪个人没缺点没问题?个人有个人的烦恼,家家有本难念的经。

旧问题解决,新问题产生

有人说:"我把问题解决了,是不是就海晏河清,一片晴朗了?"旧问题解决,新问题产生,人类社会永远有各种各样的问题。比如中国经过多年脱贫攻坚,全面建成小康社会,以后又可能面临新问题和挑战。中华民族要实现伟大复兴,复兴之后又可能面临新问题和挑战。人类社会正是在解决无穷无尽的问题的过程中,不断向前推进的。根据佛教的说法,我们世人所在的世界被称为"娑婆世界",即永远存在缺憾而不得完美的世界。所以苏轼的词中的"花好月圆""但愿人长久"只是希望,只是愿望，而事实是"人有悲欢离合，月有阴晴圆缺"，永远不完美。

不要求全责备

同学们，每一个人都要去宽容别人，不要求全责备，不能吹毛求疵，道德绑架，用圣人的标准要求别人。朋友们，大家都是普通人，包括我自己，如果苛求的话，没有一个人能在社会上立足。谁是完美的？都有某种程度的问题。但是我们虽然有缺点，在整体上我们是积极的、上进的、奋斗的、拼搏的，我们是爱国的、孝敬父母的、遵纪守法的。所以我们要掌握科学的思维方法，我们要学会全面地看问题，在历史发展的过程中去看问题。

人类社会总是存在各种矛盾和问题的，我们需要不断地解决问题，不断地推动社会进步。

结语 净化心灵，以实践提升智慧

结语

净化心灵，以实践提升智慧

最后我想说，要在净化心灵、努力实践中提升智慧。

我们开启智慧实际上有两个方面：第一个是净化心灵，利用先天的智慧；第二个是努力实践，开启后天的智慧。两者要结合起来。我们通过定力、静心、净心、愿力，开启内在的智慧。这个智慧，儒家称为良知，佛家称为佛性。我们把内在的智慧开启出来后，还要投身到社会实践中去做事，去历练，用毛主席的话就是"要在实践中检验真理"，培养才干，提升后天分析问题、解决问题的能力，以及办事周到、圆融的能力。

有的人一肚子学问，读到了硕士、博士，考试的分数很高，拿到了奖学金，但是在现实生活中却没有自理能力，不能处理实践中遇到的问题。老百姓给这类人起了一个名字，叫"书呆子"。

为什么会形成"书呆子"现象？读书是为了让我们变得更通达，更圆融，更智慧，如果我们读书以后，变傻了，变呆了，变得愚蠢了，变得不会做事了，那我们就得反思书是怎么读的，为什么会出现这种现象？一切不和实践相关联的、没有经过实践检验和打磨的"知"，都不叫"真知"。"知者行之始"，真知要落实在实践中，只有在实践中才能形成真知。所以，首先，我们要预防嘴上夸夸其谈而不落实的毛病；第二，要在社会实践的过程中，形成真正的智慧。

总而言之，我们要通过定力、静心、净心、愿力，净化心灵，开启内在的智慧；通过实践，提升后天的智慧。目的就是，无论遇到任何问题、任何考验，我们总是有办法解决，能够身心和谐、喜悦舒展，更好地承担自己的使命，过好这一生！

附

《礼记·大学》原文

给孩子讲《大学》

大学之道，在明明德，在亲民，在止于至善。知止而后有定，定而后能静，静而后能安，安而后能虑，虑而后能得。物有本末，事有终始，知所先后，则近道矣。

古之欲明明德于天下者，先治其国；欲治其国者，先齐其家；欲齐其家者，先修其身；欲修其身者，先正其心；欲正其心者，先诚其意；欲诚其意者，先致其知；致知在格物。物格而后知至，知至而后意诚，意诚而后心正，心正而后身修，身修而后家齐，家齐而后国治，国治而后天下平。

自天子以至于庶人，壹是皆以修身为本。其本乱

《礼记·大学》原文

而末治者,否矣。其所厚者薄,而其所薄者厚,未之有也。此谓知本,此谓知之至也。

所谓诚其意者,毋自欺也,如恶恶臭,如好好色。此之谓自谦。故君子必慎其独也。小人闲居为不善,无所不至,见君子而后厌然,掩其不善,而著其善。人之视己,如见其肺肝,然则何益矣?此谓诚于中形于外,故君子必慎其独也。曾子曰:"十目所视,十手所指,其严乎?"富润屋,德润身,心广体胖,故君子必诚其意。

《诗》云:"瞻彼淇澳,菉竹猗猗。有斐君子,如切如磋,如琢如磨。瑟兮僴兮,赫兮喧兮。有斐君子,终不可喧兮。""如切如磋"者,道学也。"如琢如磨"者,自修也。"瑟兮僴兮"者,恂栗也。"赫兮喧兮"者,威仪也。"有斐君子,终不可谖兮"者,道盛德至善,民之不能忘也。

《诗》云:"於戏前王不忘。"君子贤其贤而亲其亲，小人乐其乐而利其利，此以没世不忘也。

《康诰》曰"克明德"，《大甲》曰"顾諟天之明命"，《帝典》曰"克明峻德"，皆自明也。

汤之《盘铭》曰："苟日新，日日新，又日新。"《康诰》曰："作新民。"《诗》曰："周虽旧邦，其命惟新。"是故君子无所不用其极。

《诗》云："邦畿千里，惟民所止。"《诗》云："缗蛮黄鸟，止于丘隅。"子曰："于止，知其所止，可以人而不如鸟乎？"《诗》云："穆穆文王，於缉熙敬止。"为人君止于仁，为人臣止于敬，为人子止于孝，为人父止于慈，与国人交止于信。

子曰："听讼，吾犹人也。必也使无讼乎？"无情者，不得尽其辞，大畏民志。此谓知本。

所谓修身在正其心者，身有所忿懥，则不得其正；有所恐惧，则不得其正；有所好乐，则不得其正；有所忧患，则不得其正。心不在焉，视而不见，听而不闻，食而不知其味。此谓修身在正其心。

《礼记·大学》原文

所谓齐其家在修其身者,人之其所亲爱而辟焉,之其所贱恶而辟焉,之其所畏敬而辟焉,之其所哀矜而辟焉,之其所敖惰而辟焉。故好而知其恶,恶而知其美者,天下鲜矣。故谚有之曰:"人莫知其子之恶,莫知其苗之硕。"此谓身不修,不可以齐其家。

所谓治国必先齐其家者,其家不可教,而能教人者无之,故君子不出家而成教于国。孝者,所以事君也;弟者,所以事长也;慈者,所以使众也。《康诰》曰:"如保赤子。"心诚求之,虽不中不远矣。未有学养子而后嫁者也。

一家仁,一国兴仁;一家让,一国兴让;一人贪戾,一国作乱。其机如此。此谓一言偾事,一人定国。尧、舜率天下以仁,而民从之。桀、纣率天下以暴,而民从之。其所令反其所好,而民不从。是故君子有诸己而后求诸人,无诸己而后非诸人。所藏乎身不恕,而能喻诸人者,未之有也。故治国在齐其家。

《诗》云:"桃之夭夭,其叶蓁蓁。之子于归,宜其家人。""宜其家人",而后可以教国人。《诗》云:"宜兄宜弟。""宜兄宜弟",而后可以教国人。《诗》云:"其仪不忒,正是四国。"其为父子、兄弟足法,而后民法之也。此谓治国在齐其家。

所谓平天下在治其国者,上老老而民兴孝,上长长而民兴弟,上恤孤而民不倍,是以君子有絜矩之道也。所恶于上,毋以使下;所恶于下,毋以事上;所恶于前,毋以先后;所恶于后,毋以从前;所恶于右,毋以交于左;所恶于左,毋以交于右。此之谓"絜矩之道"。

《诗》云:"乐只君子,民之父母。"民之所好好之,民之所恶恶之,此之谓"民之父母"。《诗》云:"节彼南山,维石岩岩。赫赫师尹,民具尔瞻。"有国者不可以不慎,辟则为天下僇矣。《诗》云:"殷之未丧师,克配上帝。仪监于殷,峻命不易。"道得众则得国,失众则失国。

是故君子先慎乎德。有德此有人,有人此有土,有土此有财,有财此有用。德者本也,财者末也。外本内末,争民施夺。是故财聚则民散,财散则民聚。是故言悖而出者,亦悖而入,货悖而入者,亦悖而出。

《康诰》曰:"惟命不于常。"道善则得之,不善则失之矣。《楚书》曰:"楚国无以为宝,惟善以为宝。"舅犯曰:"亡人无以为宝,仁亲以为宝。"

《秦誓》曰:"若有一介臣,断断兮,无他技,其心休休焉,其如有容焉。人之有技,若己有之。人之彦圣,其心好之,不啻若自其口出,实能容之,以能保我子孙黎民,尚亦有利哉!人之有技,媢嫉以恶之。人之彦圣,而违之,俾不通,实不能容,以不能保我子孙黎民,亦曰殆哉!"

唯仁人放流之,迸诸四夷,不与同中国。此谓唯仁人,为能爱人,能恶人。见贤而不能举,举而不能先,命也。见善而不能退,退而不能远,过也。好人之所恶,恶人之所好,是谓拂人之性,菑必逮夫身。是故君子有大道,必忠信以得之,骄泰以失之。

生财有大道，生之者众，食之者寡，为之者疾，用之者舒，则财恒足矣。仁者以财发身，不仁者以身发财。未有上好仁而下不好义者也，未有好义其事不终者也，未有府库财非其财者也。

孟献子曰："畜马乘，不察于鸡豚。伐冰之家，不畜牛羊。百乘之家，不畜聚敛之臣。与其有聚敛之臣，宁有盗臣。"此谓国不以利为利，以义为利也。长国家而务财用者，必自小人矣。彼为善之，小人之使为国家，灾害并至，虽有善者，亦无如之何矣？此谓国不以利为利，以义为利也。